당신은 부러운 사람

당신은 부러운 사람

초판 1쇄 인쇄 2024년 5월 25일
초판 1쇄 발행 2024년 5월 30일

지은이 박오선
펴낸이 金泰奉
펴낸곳 한솜미디어
등 록 제5-213호

편 집 김태일
마케팅 김명준

주 소 (우 05044) 서울시 광진구 아차산로 413(구의동 243-22)
전 화 (02)454-0492(代)
팩 스 (02)454-0493
이메일 hansom@hansom.co.kr
홈페이지 www.hansom.co.kr

ISBN 978-89-5959-586 0 (03810)

*책값은 표지에 표시되어 있습니다.
*잘못 만들어진 책은 구입하신 서점에서 바꿔드립니다.

병상 스케치, 나를 초대한 그 세상

당신은 부러운 사람

박오선 지음

한솜미디어

|들 어 가 는 말|

지난해 9월 20일 딸과 함께
병원에 가기 위해 집을 나섰습니다.
이곳이 다소 떨어진 곳이라
교통편이 불편해서 근처에서 출발하는
버스를 타기 위해 바삐 서둘렀지요.
출발 시간이 있는 버스라서
버스가 떠나면 30분 정도 기다리거나
좀 더 떨어진 정거장까지
걸어가야 하는 수고가 있기에
놓치지 않으려 급히 갔습니다.
조금 남은 출발 시간을 채우는 동안
기사님은 버스에서 내려 인도에 계셨습니다.
얼른 버스를 타고 보니 몇 분 승객이 앉아 계시고
출발 2분 정도 남았더군요.

난 2인승 요금을 내야 하기에 기사님께
다인승을 주문하니 잠깐 기다리라 하십니다.
잠시라도 대지의 기운을 받으시려는지
바깥에서 머뭇거리시기에 나도 하는 수 없이 기다렸지요.
그때 또 다른 버스가 들어왔습니다.
그 차는 머무르지 않고 승객만 내려 주고
되돌아 나가는 버스라서 방향을 바꿔서 나가려고 하였습니다.
그러면서 넓은 주차장을 회전하다가
하필 내가 탄 버스를 들이박았습니다.
그 바람에 버스가 앞으로 몰렸다가
제자리로 덜컹 내려앉으며
나를 바닥에 내동댕이쳤습니다.
으악, 비명을 지르며 일어서려는데
몸이 내 말을 듣지 않았습니다.
그 시간 나는 이제까지 살아온 이전의 세계에서
한 번도 경험하지 못한 세계로 순간 이동한 것입니다.

이 책은 "나를 초대한 그 세상"에서 있었던 일을
모아본 것입니다.

| 차 례 |

들어가는 말 _ 4

01 입안에서 솟는 샘물 _ 10

02 밥 신님과 접신 _ 20

03 오케스트라 단원 _ 24

04 천사들에게 명령하시어 _ 30

05 똥 이야기 _ 36

06 당신은 부러운 사람입니다 _ 42

07 굼벵이의 노래 _ 46

08 강원도 평창으로 오세요 _ 50

09 삶은 땅콩 _ 56

10 6살 꼬마 신동 _ 60

11 관구장 신부님 _ 68

12 감마선 카메라 _ 76

13 의문의 할머니 _ 82

14 키르기스스탄 _ 88

15 사랑하는 진정한 벗이 있나요 _ 92

16 하늘을 봅니다 _ 96

17 나를 알리는 말 그릇 _ 100

18 사고의 유연성 _ 106

19 안나의 고국은 _ 110

20 황홀한 시간 _ 116

21   좋은 아침입니다 _ 120

22   유감스러운 시간 _ 128

23   디즈니랜드 _ 136

24   대상포진 _ 144

25   수녀님 _ 148

26   내가 키우는 개 _ 154

27   녹명과 하울링 _ 160

28   그녀는 사업가 _ 166

29   카니발 _ 174

30   막가파 _ 178

      글을 마치면서 _ 187

당신은 부러운 사람

01
입안에서 솟는 샘물

버스 바닥에 주저앉아 일어나지 못하고
신음하는 나를 보고 좌석에 앉아 있던 사람들이
교통사고라고 소리치자
기사님이 오시고,
119를 불렀으니 잠깐 기다리라 했습니다.
딸을 돌려보내고 바닥에서 신음하는데 구급차가 왔습니다.
구급요원들이 나를 들것에 실어 차에 옮기고 물었습니다.

"고개를 돌릴 수 있나요. 발목과 손목도 돌릴 수 있을까요?"
"그것은 가능한 것 같아요."
대답하자.
주민등록증으로 신분 확인을 하고는
병원으로 이송했습니다.
시간이 갈수록 고통은 점점 더 가중되어 가며
작은 흔들림에도 온몸이 부서지는 것 같았습니다.

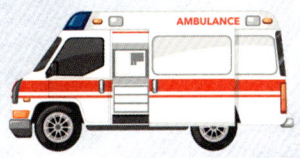

응급실에 도착했지만 나의 의지는 사라지고
이상한 세계에서 원격조정 당하는
육신으로만 존재하였습니다.
병원에서의 모든 일을 의료진이 대신했어요.
환자복으로 갈아입히고 이리저리 끌어다가
엑스레이를 찍었고
누군가가 오더니 무어라고 하십니다.
그리고는 절대 누워만 있어야 한다고 말하고 갔습니다.
다른 누군가는 병동으로 가야한다며
이동침대로 이리저리 끌어다가
17병동 6호실로 들여 보냈습니다.
그중 끝에 있는 작은방 침상 위로 나를 얹어 놓았습니다.
생각해 보니 이제껏 천장만 보고 있어서
아무것도 알 수가 없는데 다행한 것은
창문 옆에 내 침대가 놓여 있었습니다.

잠시 후 간호사가 와서 보호자가 오느냐 물었고
없다고 하니
간병인을 부르라며 간병인협회 전화번호를 알려 주고
빨리하라며 재촉했습니다.
또다시 절대 누워만 있어야 한다고 경고합니다.

전화를 하니 대기자가 없다는 것입니다.
그들은 다른 번호를 가져다주었고
마침 한 사람이 30분 안에 도착하겠다고 했습니다.
난 좀 의아했습니다.
간호는 간호사가 하는 것이 아닌가 싶은데
그렇지가 않은가 봅니다.

그러는 사이 소변이 급해서
간호사한테 소변보고 싶다고 했습니다.
나는 그들이 간이 소변기를 들고 오는가 했는데
"소변줄 달아드릴게요"라고
이상한 말씀을 하십니다.
그러더니 서슴없이 그가 내게 이물질을 삽입했습니다.

"오 마이 갓!"
이 말밖에 할 것이 없습니다.
순진하기 짝이 없는 나는
"소변은 어떻게 하나요?"
하니까.
"소변은 이미 나와서 줄을 타고 통속에 들어가 있어요"
라는 것입니다.
세상에!
이런 행동은 나의 의지로 작동되는 내 영역인 줄 알았는데
소변이 스스로 자리를 찾아가는
이상한 나라에 완전히 진입한 것이었습니다.

잠시 후에 한 여자가 커튼을 열더니
"안녕하세요. 간병인 조안나입니다"
하며 들어섰습니다.
"제가 많이 다쳤어요. 잘 도와주세요"
라고 대답했습니다.
이럭저럭 이 세계에 들어서는 신고식은 마쳤는데
내겐 더 중요한 문제가 있습니다.

딸이 문제입니다.
갑자기 아는 사람도 없고
산천초목도 생소한 이 지방에 온 이유는
오직 딸 때문이었으니까요.
부모 사후 자녀를 돌보아 주는 것을 목표로
민간인 주도로 장애인공동체 마을을 만든다고 해서
편승한 것입니다.

우리 딸은 정신지체장애 2급입니다.
내가 없으면 스스로 살아갈 능력이 부족한데
이곳에 있으니 어찌하란 말인가요.
어떻게 해야 하는가요?
내 능력의 한계를 벗어난 지금
할 수 있는 일이 무엇이란 말입니까?
내 몸조차 가눌 수 없는 나의 무능함에
눈물이 하염없이 나옵니다.
내 몸에 고문처럼 가해지는 고통으로는
꿈쩍도 안했던 울음이 그냥 쏟아지네요.
이 작은 눈 속에 어떻게 그렇게 많은 수분을
품고 있었을까 모르겠어요.
처음 방문한 이 나라에서는 포획한 포로가
'쇼생크 탈출'이라도 감행할까 봐서인지
전신을 고통의 갑주로 두 겹 세 겹 옭아매는 것 같습니다.
생각 끝에 서울에 있는 언니와 동생한테 전화했습니다.
즉시 글라라는 어떻게 하니? 하며 깊은 걱정을 토해냅니다.
잠시만 돌봐 주세요. 또 다른 방법을 찾기까지요.
그런데 시기가 좋지 않았습니다.
하필 추석연휴 며칠 전이니 말입니다.
그럼에도 와주기로 하십니다.
여기까지가 그날 아침에 집에서 나와
2시간도 되지 않은 동안 벌어진 일입니다.

만약에 내가 2분만 늦게 나와서
그 버스를 타지 않았으면 어찌되었을까.
기사님이 바로 조작해 주셔서
자리에 앉았더라면 괜찮았을까?
지나간 시간을 다시 반추해보다가
그만두자, 이미 주사위는 던져졌으니
내게 새로운 세계의 모험이 필요했던가보다 라고
자위하며 눈을 감았습니다.

몇 시간 후 동생과 언니가 오셨습니다.
그들은 눈앞에 펼쳐진 나의 모습과 형편에
깊이 한숨만 쉬며 말을 잃었습니다.
무슨 말이 나오겠습니까.
그냥 가만히 서 있는 동생한테 간병인이 말합니다.

필요한 물품이 있어요. 준비해 주세요, 하며
성인용 기저귀, 깔개, 비닐장갑, 물티슈 등등
듣기조차 거북해서 더 들을 수가 없었습니다.

그 세계는 왜 하필 나를 선택했을까?
하루빨리 나의 세계로 다시 가야할 텐데 할 수 있을까?
또다시 반문해 봅니다.

언니는 딸을 맞으러 먼저 집에 가시고
한참 후에 동생이 한 보따리 물품을 갖고 들어섰습니다.
그리고는 내 손을 잡고
"걱정하지 마. 글라라와 잘 지낼게. 몸을 잘 돌보고
하루빨리 집으로 오세요"하며 돌아갔습니다.

혼자 남은 나는 끝도 없이 조여 오는 고통과 맞서야 했습니다.
가만히 누워 있으니 체중이 등에 실려
몸이 바닥에 박히는 듯싶고
다리는 폭탄으로 부서지는 파편이 되어 날아가는 것 같습니다.
마침 회진을 오신 선생님께 호소했습니다.
"등이 너무너무 아파요"하니까 무심하게
"옆으로 돌아눕는 것은 됩니다.
잘 누워 계시다가 더 아프면 진통제 맞으세요."
"왜 이렇게 아프지요."
"골절이라 했잖아요."
"어디가 골절인가요?"
나는 아픔 속에서 허둥거렸습니다.
"척추 골절이라고 응급실에서 말했잖아요."
그리고는 쓸데없이 말이 많다는 듯이 쌩하게 사라지셨습니다.
시골장터 같았던 응급실에서 어떤 사람이
골절이라 했던 말이 내게 한 말이었다는 것입니다.
몸도 아프지만 맘이 무너져 내렸습니다.

물론 내 아픔을 나눌 수는 없지만
이젠 맘도 품어야 할 것이라는 무게가 더 가슴 아팠습니다.
난 하루 종일 낮과 밤을 지새우며 앓았습니다.
옆으로 돌아누우려 해도 다리가 협조하지 않네요.
간신히 끌어다 옆으로 돌리면 고관절부터 시작되는
다리의 통증이 온몸을 마비시키듯 했습니다.

아! 주님. 왜 제게 이렇게 하시나요. 이러시지 마세요.
몸뚱이가 서로 날뛰는 것 같아서 너무나 힘들어요.
제발, 저 좀 살려 주세요.
주기도문을 수도 없이 읊조리며
저 좀 살려 주세요, 호소에 호소를 거듭 거듭했습니다.

새벽에 설핏 잠들었다 다시 깨었는데
이상한 일이 벌어졌습니다.
내 입안에서 샘물이 솟는 것 같았습니다.
깊은 산속 옹달샘에서 샘물이 퐁퐁 솟아나는 것 같았습니다.
샘물은 노래로 나왔습니다.

주께선 나의 피난처 의지할 곳 주님뿐 ♪
풍파가 심할지라도 내게는 평화 있네

메마른 우리 영혼에 새 생명 주옵시며 ♪♪
주 안에 영원한 안식 누리게 하옵소서

내 갈 길 아득히 멀고 나의 힘 기진한데
내 본향 집을 향하여 가는 길 비추소서

메마른 우리 영혼에 새 생명 주옵시며
주 안에 영원한 안식 누리게 하옵소서

신기한 것은 이 성가는 많이 부른 것도 아니라
가사도 잘 기억나지 않았는데 샘물이 솟아 나오듯
입안에서 그냥 끝없이 솟았습니다.
몽롱한 가운데 끝없이 솟는 성가 샘물로
왠지 힘이 생기는 것 같았습니다.
감사합니다. 감사합니다.
제 부르짖음을 들으셨군요.
감사합니다.
나는 감사의 기도를 드렸습니다.

02

밥 신님과 접신

나는 먹는 행위만큼 숭고한 것은 없다고 생각합니다.
숭고함을 주어도 될지 모르지만 그렇게 하고 싶습니다.
특히 내 손으로 내가 밥을 먹는다는 것은
신의 축복이며 기적입니다.
먹음으로써 인간에게 살아갈 에너지를 줄 뿐 아니라
먹는 즐거움이 생존의 기본적인 욕구 중 하나라고
믿고 있으니까요.
이름난 곳을 일부러 찾아가며
볼이 찢어져라 먹기에 열중하는 편은 아니지만
하루 세 끼의 기본 식사는 늘 챙기며 감사하고 있었습니다.
그런데 이곳에 와서 밥이 무서워졌습니다.
대단위 단체에서는 식사시간이 정확한 것 같습니다.
이곳도 시간만 되면 어김없이 식판이 들어옵니다.
내가 할 수 있는 일은 입을 벌리고
그녀가 주는 밥을 받아먹는 것입니다.
'누워서 떡 먹기'라는 속담의 뜻을
재해석해야 한다고 트집을 잡습니다.

쉽지 않은 일이고 더더욱 이전의 뱃속도 아니라
고난의 연속임을 실감했습니다.
입을 벌리는 때부터 왜 그런지 알 수 없이
속이 부글거리고 느글거립니다.
죄송하게도 이미 그곳의 밥은 이전의 밥이 아니었습니다.
한 수저 들어갈 때부터 저항을 합니다.
누워서 입만 벌리고 있으니
그것이 어떤 모습인지 보이지는 않지만
밥과 국 세 가지 정도의 반찬이 있는 것 같습니다.
반찬도 나름 생각해서 채소, 육류, 어패류 등을
어울리게 조합해서 마련된 것 같습니다.
이 세계로 오기 전에는 모두 좋아했고
잘 먹었던 것들임에도 불구하고
이제는 그 어느 것도 내가 갑자기 이방인이라도 된 듯
다가오려 하지 않았습니다.
결국 두 번째 식사에서 먹었던 음식물이
집단 가출을 했습니다.
감히 먼저 들어갔던 놈까지 합쳐서
식도를 타고 유유히 입 밖으로 탈출을 감행한 것입니다.
이후 밥에서 죽으로 강등되었지만
그것도 수월하지는 않았습니다.
나는 이들의 돌발 행동을 백분 이해하고 동감합니다.
온몸이 뒤집혔는데 뱃속인들 오죽했을까요?

더구나 보이지도 않고 그저 누워서 입만 벌리고
넣어주는 것을 받아먹어야 하는 형편이니
뭐라 해야겠습니까.
그 정도 선에서 타협함이 상책일 것 같았습니다.
이후 환자는 잘 먹어야 한다며
연일 이어지는 걱정의 목소리가
영양을 고려해 잘 만들어졌다는 환자용 음식을
추천해 주었고 전달이 되었습니다.
그런데 환자에게 가장 적합한 음식이란 말에 미혹 당했는지
용하게도 전보다는 안정되어 가는 것 같았습니다.
밥을 사랑했던 나의 본심을 가상히 여기신 밥 신님께서
점차 저에게 은혜를 베풀어 주시는 것 아니었을까요.

나는 우리나라는 모든 것이 밥이면 다 통한다는
유머를 기억하고 있습니다.
또한 그것을 일상에서 써 본 적도 많습니다.
그때그때의 상황이 잘 함축되어 있다고 생각하면서
밥과 전쟁에 처해 있었을 때
더 생생하게 기억하며 즐겼습니다.

혼낼 때 : 너 오늘 국물도 없을 줄 알아
고마울 때 : 나중에 밥 한번 먹자
안부 물어볼 때 : 밥은 먹고 지내냐
아플 때 : 밥은 꼭 챙겨 먹어
인사말 : 식사는 하셨습니까, 또는 밥 먹었어
재수 없을 때 : 쟤 진짜 밥맛없는 애야
한심할 때 : 사람이 밥값은 해야지
나쁜 사이일 때 : 그 사람하곤 밥 먹기도 싫어
범죄 저질렀을 때 : 너 콩밥 먹는다
멍청하다고 욕할 때 : 어휴 이 밥통아
심각한 상황일 때 : 넌 목구멍에 밥이 넘어 가냐
무슨 일을 말릴 때 : 그게 밥 먹여 주냐
최고의 정떨어지는 표현 : 밥맛 떨어져
비꼴 때 : 밥만 잘 쳐먹더라
좋은 사람 : 밥 잘 사 주는 사람
나쁜 사람 : 다 된 밥에 재 뿌리는 넘
최고의 힘 : 밥심
좋은 와이프 평가 기준 : 밥 잘 차려 주는 마누라

나는 모두 딱 맞는 표현이라 생각하는데 다른 이들은 어떻게 해석할지 모르겠네요. 이젠 밥 신님의 축복으로 맛있는 밥 꼭꼭 씹어 먹고 힘내리라. 아자 아자!!

03
오케스트라 단원

새벽인 것 같은데
어디선가 천상의 소리가 들려오는 것 같습니다.
가만히 들으니 귀에 익숙한 것도 같습니다.
그리고 눈앞에는 노란 꽃밭이 끝없이 펼쳐집니다.
그러더니 하얀 설원이 나오고 마차가 지나갑니다.
그래, 내가 드디어 천국에 왔구나. 하는데
짠 짠 짠 짜하며, 웅장한 소리가 뒤를 이어 들립니다.
이것은 또 무엇인가 싶어
소리 나는 곳을 찾아 고개를 빼고 돌려보는데
간병인이 "끌까요?"하며 다급하게 묻습니다.
"아니요. 계속 놔두세요."
그녀가 음원이었던 핸드폰을 가지고
내 옆으로 다가서며 말했습니다.
"날마다 신음하는 소리 들었어요.
힘들 때 음악은 좋은 치료가 됩니다. 들려드리고 싶었어요."
"고마워요."

그제야 차분히 그녀를 보았고
"어떻게 부르는 것이 좋을까요?"
물었습니다.
"편한 대로 하세요."
"그럼 이름을 부를게요. 안나라고요."
그렇게 해서 안나와 나는 대화하는 사이가 되었습니다.
"안나도 음악을 좋아하나 봐요."
"그럼요, 지칠 때마다 힘을 주지요."
"좀 전의 음악 첫 곡은 의사 지바고에 나오는
라라의 테마 곡이지요. 두 번째 곡의 제목을 알아요?"
"그럼요, ㅋ ㅋ~ㄹ~ㄹ~."
어쩌구 저쩌구 하는 데 알아들을 수가 없네요.
"내가 생각해 볼게요. 맞다 칼멘 서곡이다. 그렇지요?"
"그래요"하며 손뼉을 쳤습니다.
안나는 색소폰 연주를 특히 좋아한다며 눈을 지그시 감고
연주 흉내를 내고 난 바이올린이 최고라고 했습니다.
그렇게 우린 몇 시간을 음악 이야기로 훈훈했으며
정말 그 시간에는 아픔을 느끼지 못한 것 같았습니다.

나는 지나간 오래된 날들을 기억해 보았습니다.
그때는 정기 시향 연주회에도 갔었고
결국 바이올린에 도전해 보려 시도했었습니다.
그런데 청음 실력이 부족해서인지

당신은 부러운 사람

튜닝이 서툴고 잘하지 못했습니다.
연습을 하려 해도 음이 정확하지 않은 것 같아
스스로 자진 하차했습니다.
시간이 많이 지났지만 여전히 허전했을 때
새로운 소식을 접했습니다.
아마추어 오케스트라 단원을 모집한다는 광고입니다.
나와는 전혀 관계가 없는 것인데 심히 두근거렸습니다.
아무리 끼어 맞추려 해도 구멍이 없는데
용케도 서랍에 있는 플롯이 생각났습니다.
몇 년 전에 친지가 이민을 가면서 주고 간 선물입니다.
난 쾌재를 부르며 얼른 꺼내서 조립을 했습니다.
그리고 휙 불었습니다.
아무런 소리가 없기에 좀 더 힘을 주고 불었지만
피식 바람 소리만 났습니다.
'이것이 왜 이러나?'
한참을 힘을 주고 불었지만 거친 바람 소리만 들립니다.
'망가진 플롯이었나?
몇 년을 처박아두었더니 망가졌는가보다.'
미안한 생각에 한참을 있다가 다시 호흡을 가다듬으며
불어 보았더니 본연의 플롯 소리가 나왔습니다.
신기했습니다.
이번에는 도레미파솔라시도를 천천히 만들어보았는데
말도 안 되지만 되었습니다.

장장 몇 시간 사투 끝에 이루어낸 결과였습니다.
난 회심의 미소를 짓고 이튿날 그곳에 연락해서
당당히 오케스트라 단원이 되었습니다.
몇 주 지나 1차 모임이 있어서 갔는데
지휘자와 몇몇 사람만 정식 과정을 거쳤고
대부분은 취미로 동아리 모임에서 활동한 것 같았습니다.
하지만 간신히 소리만 만들고 온 사람은 없는 것 같았습니다.
친교의 시간을 지내고 악보를 받았습니다.
'내겐 연습만이 살아날 길이다'라는 생각으로
매진하기로 했습니다.
그런데 다른 문제가 발생했습니다.
생각보다 플롯 소리가 대단했습니다.
온 집안을 채우는 것입니다.
가족들의 불만이 거세지고 불화까지 만들어졌습니다.
이해가 되기도 하지요.
좋은 소리도 계속 들으면 괴로울 텐데
삑삑거리는 소음이 오죽했을까요.
직장으로 가져갔습니다.
수업과 업무가 대충 끝나면 빈 교실에서 연습했습니다.
누가 하라는 것이 아니고도 그냥 즐거웠기에 할 수가 있었으며
방학이 되면 집에서 싸우며 연습했습니다.
이렇게 오케스트라에 흠뻑 취해 있는데
첫 번째 연주회 날짜가 잡혔습니다.

더 바싹 연습하리라 열중하려는데
"저 놈의 소리에 내가 이젠 더 못 살겠어"하시는
시어머니의 푸념 소리가 들렸습니다.
이러다가는 가정이 무너지겠구나.
하는 두려움이 밀려왔습니다.
모두 정리하고 어머니께 갔습니다.
"죄송합니다.
연주회 날짜가 잡혔어요.
발표까지만 하고 그만두겠습니다.
그때까지만 참아주시기 바랍니다."
협상이 잘 타결되었고 그대로 이행하였습니다.
연주회는 성당에서 이루어졌고 어머님도 오셨습니다.
어디서 들으셨는지 보셨는지
꽃다발도 한 다발 들고 오셨습니다.
그리하셨던 어머니가 지금 요양병원에서
콧줄을 달고 계십니다.
나의 교통사고 소식을 들으시고 걱정 속에 계시다가
의식을 잃으신 것 같습니다.
당신의 기둥이었던 큰아들을 하늘나라로 먼저 보냈는데
며느리까지 사고를 당했다는 소식에 충격을 받으신 것입니다.
괜찮다고, 아무리 밝은 목소리를 만들어도
속아 넘어가지 않으시더니 결국 의식을 잃으시고
응급실로 가신 후 요양병원에 계십니다.

지금 같아서는 생전에 뵐 수나 있을지 모르는
그분을 생각하면 가슴이 무너지는 것 같고 멍멍합니다.

오케스트라 발표 후 나의 음악생활은 은둔 속에 있다가
참 좋은 악기가 있음을 알게 되었습니다.
하모니카입니다.
마을 주민센터의 동아리 방에서
운영하는 것을 알게 되어 입문했습니다.
부피가 작아서 휴대하기도 좋고 소리도 작아서
작은방에서 연습하면 절대 소리가 나가지 않아서
가족들도 모르는 것 같습니다.
간혹 간단한 잔치에 초대도 받아 연주도 했었는데
이곳으로 이사하며 함께 부를 벗이 없어
혼자 쓸쓸히 연습을 했었습니다.
이것도 저것도 아무것도 안 되는 지금은
안나가 들려준 것 같이 침상에서 다양한 오케스트라
연주를 감상하며 지난날을 회상합니다.

04
천사들에게 명령하시어

1번과 2번 방에 새로운 환자가 들어온 것 같습니다.
1번 방 환자는 말없이 누워 있는데
남편인 듯한 분이 상황을 알려 줍니다.
"엄마가 부인병으로 수술하셨다.
오늘 아빠는 엄마와 함께 있어야 해. 너희끼리 잘 지내라.
엄마가 회복하면 아빠가 집에 갈게"
하는 소리로 대충 분위기를 파악시키고
가만히 침묵 속으로 들어갔습니다.
2번 방에서는 남자 분과 두런두런 대화 소리가 나더니
그만 집에 들어간다며 여자와 함께 나가는 것 같습니다.
한참 후에 여자 혼자 들어서는 것 같습니다.
혼자 남게 되니 두 평반밖에 안 되는 작은 방이
꽤나 쓸쓸한 가 봅니다.
결국 핸드폰을 꺼내고 대화자를 고르는 것 같습니다.
첫 번째로 손녀가 당첨되었고
"할머니 병원에 입원했어, 대상포진이래. 얼굴 봐"
하는 것 보니 화상통화를 하는가 봅니다.

"그게 물집이야. 얼마나 아픈지 몰라.
내일 와, 엄마와 오면 되지. 병실에는 못 들어오지만
1층 로비에서 볼 수 있어"
라며 호소성의 대화가 길게 이어지고 통화를 끝냈습니다.
다음 번 사람은 친구인 듯싶네요.
"그래, 대상포진이래. 너무나 아파."
연신 아픔을 호소하며 30분 정도 이어지더니,
"면회? 당연하지~이, 가능해. 1층 로비에서 만날 수 있어.
그래, 내일 보자."
이제 끝났는가 싶었는데, 또 다른 대상을 고른 것 같습니다.
"나 병원에 입원했어, 대상포진이래. 얼마나 아픈지 몰라."
이렇게 한참을 이어가더니 골프 이야기로 주제를 옮겼습니다.
"86타가 최고였어. 지금은 못해. 그곳 잔디가 참 좋은 데,
회복하면 거기로 예약하자. 그래 면회도 가능해.
1층 로비로 내가 내려가면 되거든."
이렇게 끝나는가 싶더니 상대만 바뀌었지
비슷한 통화가 몇 번이나 더 이어집니다.
그녀의 내일은 상당히 분주하겠다는 쓸데없는 걱정이 듭니다.
이곳이 커튼으로 구분은 되었지만 작은 공간이라
목소리를 최대한 낮추어야 할 텐데 환자라 그런지
타인을 배려하려는 것이 보이지 않습니다.
잠시만 있으면 그 집에 밥이 끓는지 죽이 끓는지
그것도 콩죽이냐 팥죽이냐도 구별이 가능합니다.

그래도 긴 침묵보다는
세상 사는 이야기를 듣는다는 맘으로 기쁘게 듣습니다.
다행한 것은 2번 환자의 목소리는 거슬리지 않고
오히려 다음 대화를 기다리게 합니다.
힘차게 말하지 않아도 사건을 잘 해결할 수 있는
능력 있는 자의 목소리 같고 설득력 있어 보여서
그녀를 용서합니다.
그러면서 이런 생각도 합니다.
사람들은 혼자 있음을 두려워하고
나를 알리고 싶어 하는 맘이 많구나.
그런데 다소 이기적이다.
알리기에 아까운 남모르는 행운이 생겼을 때도
그것을 나누려고 손품과 말품을 팔까?
하긴 자랑하려 들이댄다면 할 수도 있겠지만
힘들다고 호소한들 내 고통이 줄어드는 것도 아닌데
무방비 상태인 타인을 물귀신처럼 고통 속으로
끌어들이는 것은 무엇을 어쩌라는 행위란 말인가?
어쩔 수 없이 알리게 되었고 자연스레 알릴 기회가 되어
위로를 받게 되면 힘이 되지 않을까.
억지로 알리고 면회로 이어지게 만들고 하는 모습이
다소 불편해 보였습니다.
잠시 고통에 대해 생각했습니다.
신께서 내게 왜 이런 시간을 허락하신 것일까.

아마도 지금 이 시간 이 고통이
꼭 필요하다고 판단하신 것이겠지.
그렇다면 그분의 뜻을 헤아려 보며 껴안고 가자.
끝이 나오겠지. 꼭 그렇게 되리라 믿습니다.

어떤 농부가 신께 가서 일 년 농사를 잘 짓게
한 해만 날씨를 주관할 수 있는 능력을 달라고
호소해서 허락을 받았습니다.
농부는 날마다 햇볕을 따뜻하게 쬐어 주고
꼭 알맞게 비를 내려 주었더니
그 해 농작물이 풍성하게 온 들녘을 꽉 채워 주었답니다.
기쁨에 겨워 추수에 들어갔는데 농작물에는 알곡은 없고
잎과 줄기만 무성하게 자란 것을 알게 되었습니다.
그때야 주님께서 비바람까지 허락하신 것을
깨닫게 되었다고 했습니다.

나의 삶에서 지금 이 시간이 모진 비바람이 필요한 때였군요.
알겠습니다.
제가 비바람을 헤치고 나가겠습니다.
하지만 저는 부족한 인간입니다.
부디 힘과 지혜와 용기를 주십시오.
그때 환한 빛이 글자 되어 머릿속으로 지나갔습니다.

당신은 부러운 사람

너에게는 불행이 닥치지 않고

재앙도 네 천막에는 닥쳐오지 않으리라.

그분께서 당신 천사들에게 명령하시어

네 모든 길에서 너를 지키게 하시리라.

행여 네 발이 돌에 차일세라

그들이 손으로 내 발을 받쳐 주리라.

너는 사자와 독사 위를 거닐고

힘센 사자와 용을 짓밟으리라.

그가 나를 따르기에 나 그를 구하여 주고

그가 내 이름을 알기에 나 그를 들어 높이리라.

그가 나를 부르면 나 그에게 대답하고

환란 가운데 내가 그와 함께 있으며

그를 해방하여 영예롭게 하리라.

내가 그를 오래 살게 하여 흡족케 하고

내 구원을 그에게 보여주리라. (시편)

감사합니다.

05
똥 이 야 기

나는 대체로 규칙적인 삶을 살아가고 있는 편입니다.
언제부터인지 하루 일과에 몇 가지 일이
어울리게 마련되어 졌고 거의 실천하고 있습니다.
예를 들면 일찍 일어나고 일찍 자기, 기도하기, 책 읽기,
하루 세 끼 먹기, 악기 연습하기, 천자문 공부하기,
배변하기 등입니다.
잠자리 들기 전에는 하루를 생각하며
오늘 하루 잘 지냈나 복기도 합니다.
물론 요즘이야 모두 엉켜 버려 어쩔 수 없지만
날마다 먹었으니 배변은 이루어져야 할 텐데
그것이 안 된지 닷새째로 들어가니 걱정이 됩니다.
하도 심각하게 생각하니까 옆에서
"그 정도는 괜찮아요. 더구나 변비약도 있으니 안심하세요."
물론 나도 압니다.
만성 변비를 달고 사는 주위 사람도 많이 보았고
배변을 도와주는 식품도 있고 약도 있음을 알아요.
하지만 나는 규칙적인 일과에서 닷새나 건너뛰고 있음이

심히 맘에 걸리고 약에 대해서는
조금 다른 생각을 갖고 있습니다.
50대 건강진단에서 고혈압 판정이 나왔습니다.
늘 120을 유지하던 혈압이 150이상이 계속 나와서
병원을 3곳이나 방문했는데
결론은 고혈압이니 약을 복용하라는 것입니다.
그것도 평생을 말입니다.
약은 한 가지를 고치더라도
또 다른 부작용을 불러올 수 있겠다는 것이
평소의 생각이라서 차선책을 알아보니
꾸준한 운동이라고 했습니다.
그것은 더 힘든 일임을 직감했습니다.

그래도 평생 약을 복용하는 것보다는 나을 것 같아서
차선책을 선택했는데 걷기를 죽기보다 싫어하는 내가
하고자 하면 많은 대가를 치러야 할 것 같다고 판단했습니다.
그래서 눈여겨보았던 단월드에 등록했습니다.
그것도 평생회원으로 쐐기를 박았습니다.

그리고 주중에 4번 이상 꾸준히 참석했고
3달쯤 지났는데 그래서였는지 모르겠지만
약에 의존하지 않고 130을 회복했습니다.
이번에는 내가 밥 먹고 누워만 있는데
약을 먹을 필요가 있을까.
스스로 해보자 오기를 부렸습니다.
아침부터 가스가 나오기도 하고
살짝 더부룩한 것 같기는 해도 별 반응 없이 일주일이
다가오는데 지가 나오지 않다니 주인을 무시하네 싶기에
단호하게 그날 오전 8시에 똥과의 전쟁을 선포했습니다.
우선 나의 모든 주의를 그놈한테 집중했습니다.
지금까지 기억하는 모든 그놈에 관한 얘기들을 떠올리며
전초전을 시작했습니다.

누가 내 머리에 똥 쌌어?
똥 도사 이야기, 강아지 똥, 이런 똥 저런 똥 관련 이야기,
변소에서 나온 귀신 이야기 등으로 분위기를 띄웠습니다.
몇 시간이 지나도 머리만 복잡했지 별 반응이 없어
다음 단계로 회유책을 썼습니다.
너는 이미 본분을 다했다.
음식물로 들어와서 나에게 에너지를 줌으로써
네 임무를 끝낸 충실한 부산물이다.
네가 있을 곳은 그곳이 아니다.
터널을 빠져나오면 밝은 세상이 있다.
그곳이 네가 가야할 마지막 지점이다.
부디 숨지 말고 세상으로 나와라.
나와 조오, 나와 주세요.
마침 가스가 응답을 한 것 같았습니다.
용기를 갖고 계속 밀어붙였습니다.

같은 내용을 무수히 반복해서 주지시켰습니다.
마치 누군가가 눈앞에라도 있는 듯이 말입니다.
오후 6시가 지나가는데 아랫배에 살짝 변화가 오는 것을 빼고는
별일이 벌어지지 않았습니다.
저녁식사 후엔 화가 치밀고 분노가 일었습니다.
난 보이지 않는 적에게 폭언을 했습니다.
넌 오물이고 찌꺼기야, 지가 있어야 할 곳을 알아야지.
그곳은 네가 숨는 동굴이 아니다. 빨리 나와라.
안 나오면… 할 말이 없었지만 어찌 되었던지
또다시 아무 대항 없는 전쟁에 임했습니다.
온몸은 이미 모든 기운이 빠진 상태고
약은 오를 대로 올랐습니다.
7시도 지나 8시에 가려합니다. 똥도 나를 무시하는구나.
깊은 한숨을 쉬는데 가스가 계속 나오며
다른 것도 함께 나오는 듯했습니다.
순간 아랫배가 시원해졌습니다.
나는 12시간 사투 끝에 승리한 승장이나 된 듯 뿌듯해 졌습니다.
간병인을 불렸고 그녀는 뒤치다꺼리를 해주었습니다.
내 밑을 타인에게 맡기는 부끄러운 순간이었지만
왠지 난 부끄럽지 않았고 뻔뻔스러울 만치 당당해졌습니다.
밥값은 한 것 같았습니다.
할 수만 있다면 휘파람이라도 불고 싶었습니다.
룰 루 랄 라~.

06

당신은 부러운 사람입니다

병실 분위기가 평소 같지 않고 다소 수선스럽습니다.
환자들이 깨어난 것 같습니다.
새로운 목소리로 보아 1번 방 환자가 회복한 것 같네요.
신경을 쓰지 않아 흘려보냈는데 중복되는 단어도 있고
무엇인가 열심히 설명하는 것 같아요.
1번 환자 분과 2번 환자 분의 대화 중 새로운 목소리가
주를 이루는 것을 보니 그분도 꽤나 심심했었나 봅니다.
좋은 상대를 만나 기분이 회복되었나 엉킨 실이 풀리듯
줄줄 풀어내고 있습니다.
1번은 흔히 들을 수 있는 평범한 목소리인 것 같네요.
그녀의 말을 조립해 보니 어제의 남자는
남편이고 부사관인데 아침 일찍 출근했다는 것입니다.
남편은 부사관 시험에 힘들게 통과되었다는 것과
어려웠던 살림을 서로가 위로하고 협력하여
애써 잘 살아왔다는 것인데 시종일관 남편에 대한
긍지와 존경의 마음을 드러내고 있는 것 같습니다.
부사관이 무엇일까?

확실치는 않지만 군인인 것 같은데
무엇을 하는 곳이기에 시험을 보는가 의문입니다.
요즘엔 군대도 시험치고 들어가나?
생각하고 보니 직업군인인 듯싶네요.
2번 환자도 나처럼 부사관에 대해 문외한이라 궁금해 하는
것이었고 답답한 듯 설명해 주고 있었던 것 같습니다.
그러나 무엇보다 남편의 뛰어난 점을
알리고 싶어 하는 것이 우선인 듯한 모양새였습니다.
그러다가 서둘러 대화를 끝내더니
그들은 누군가 왔다며 함께 면회실로 내려갑니다.
난 그들이 너무나 부럽습니다.
마주보고 앉아서 이야기하고 함께 걸어 나가는 것이
너무나 부럽습니다.
지금 나는 앉아 보고 싶은 마음이 간절합니다.
침상에 앉아 보는 것이 가장 부럽습니다.
앉고 싶다고 절규합니다.
앉을 수 있는 사람이 부럽습니다.
앉고 싶어요.
제발 앉게 해 주세요.
내가 지금 누굴 부러워하고 있는가.
웃음도 날 뻔하지만 간절함에 눈물까지 나올 것 같아
풍연심이란 말을 생각하며 시선을 돌리려 했습니다.

옛날 전설의 동물 중에 발이 하나밖에 없는
기(虁)라는 동물이 있었습니다.
이 기(虁)라는 동물은 발이 하나밖에 없기에
발이 100여 개나 되는 지네(?)를 몹시도 부러워하였습니다.
그 지네에게도 가장 부러워하는 동물이 있었는데
바로 발이 없는 뱀(蛇)이었습니다.
발이 없어도 잘 가는 뱀이 부러웠던 것입니다.
이런 뱀도 움직이지 않고도 멀리 갈 수 있는
바람(風)을 부러워하였습니다.
그냥 가고 싶은 대로 어디론지
싱싱 불어 가는 바람이기에 말입니다.
바람에게도 부러워하는 것이 있었는데,
그것은 가만히 있어도 어디든 가는 눈(目)을 부러워했습니다.
눈에게도 부러워하는 것이 있었는데,
보지 않고도 무엇이든 상상할 수 있고
어디든지 갈 수 있는 마음(心)을 부러워했습니다.
그 마음에게 물었습니다.
당신은 세상에 부러운 것이 없습니까?
마음은 의외로
"제가 가장 부러워하는 것은 전설의 동물인 외발 달린 기(虁)"
라고 답했다고 합니다.
왜 마음이 하필 기를 부러워했는지 아무리 생각해도
유추해 낼 수 없지만 이런 것 아닐까요?

부러움이란?
내가 갖지 못한 것을 갖고 있는 상대를 시기하는 것이고
내가 가진 것이 가장 아름다운 것이란 것을 모르는 것이
불행의 출발점이라고요.
그렇다면 누워만 있는 내가 부러움을 그쳐야 할까요?
아직은 아닙니다.
나는 평범한 사람이기에
아직은 앉을 수 있는 사람이 부럽습니다.
맞습니다.
바로 당신!!
앉을 수 있는 당신이 부럽습니다.

당신은 부러운 사람입니다.

07
굼벵이의 노래

1706호 병실은 17병동 중간에 있고
안내실 중앙 앞에 있는 4인실입니다.
병실 출입문을 열면 중간에 복도가
왼쪽과 오른쪽을 갈라놓습니다.
왼쪽은 부속실, 1번, 2번 방이 있고 오른쪽은 화장실과
3번, 4번 방이 있어 총 6방으로 모두 동일한 규격으로
각방들은 두 평 반 정도의 정육면체 같은 공간입니다.

출입문	부속실	1번 방	2번 방	창문
	복도			
	화장실	3번 방	4번 방	

작은 공간이지만 알뜰하게 구성해 놓은 것 같습니다.
2번, 4번 방은 창가에 접해 있어서 좀 더 환해 보입니다.

다행히 난 4번 방으로 바깥세상을 볼 수 있는 행운을 얻었지요.
나는 내 몸체 만한 크기의 철제 침대에 누워 있습니다.
침대 옆에는 작은 수납장이 작은 냉장고 위에 얹어 있습니다.
창 쪽 밑에 낮은 침대가 있어 간병인이 쉴 수 있는 곳입니다.
내 머리 뒷부분은 벽으로 막아 옆 병실이 되었고
침대 왼쪽은 커튼으로 3번 방과 구분되었습니다.
발밑 부분은 커튼을 걷으면 복도가 나오고
맞은편은 1번과 2번 방이 있습니다.
하루 종일 누워서 할 수 있는 일이 많지 않아서
오늘은 이곳의 위치를 더듬어 보았습니다.
누워 있으니 자연히 눈이 그냥 천장만 바라봅니다.
꼼꼼히 보니 천장은 같은 규격의 석고보드가
26장 정도 정확한 짜임으로 박혀 있네요.
석고보드 표면은 그냥 거무칙칙하다고 느꼈는데 자세히 보니
어떤 화가가 갈색 톤의 물감을 뿌려놓은 것 같습니다.
그것도 아주 멋지게 뿌려서 같은 모양이 없어요.
둥근 것, 긴 것, 짧은 것, 굽은 것 모든 것이
제각각의 모양으로 석고판을 꽉 채우고 있어요.
그러다 기적 같은 모습을 발견했어요.
점들을 연결해 보니 곰 세 마리가 보입니다.
그 옆에선 생쥐 두 마리가 돌아다니고 유리 구두도 보입니다.
신데렐라가 잃어버린 것인데 왕자님이 찾아오시고
행복한 생활로 이루어지겠지요.

바로 앞에는 산신령과 나무꾼이 보입니다.
도끼를 잃어버린 정직한 나무꾼에게 산신령이
도끼 세 개를 주시는 것을 보니 나무꾼도
오래오래 행복하게 살겠지요.
그 옆에는 선녀님이 두 아이를 품에 안고 올라가네요.
그런데 나무꾼은 보이지 않아요. 안타깝네.
하지만 지혜로운 사슴이 새로운 정보를 알려 주어서
보름달이 뜰 때 골짜기로 가서 하늘에서
내려오는 두레박을 타고 올라갈 것입니다.
마침내 선녀님과 아이들을 만나
오래오래 행복하게 살겠지요.

동화는 마무리가 훈훈해요.
우리의 주인공들은 고통을 이겨내고 행복하게 끝나니까요.
나는 동화책 주인공은 아니지만 이 고통을 이겨 내고
더 나은 내일로 나갈 수 있을까 의심스럽습니다.
뼈가 부서지는 고통을 허락하신 주님을 원망도 하지만
세상에 고통을 이겨 낸 사람이 너무나 많은데
나도 할 수 있을 거야 스스로 위로합니다.
주님은 감당할 수 있는 고통만을 허락하셨을 테니까.
나 또한 이겨낼 수 있으리라고 두 손을 꼭 잡아 봅니다.
어둠 속에서 밝음이 나오고 굼벵이 시절을 보내야
매미의 소리를 들을 수 있고 진흙 속에서 연꽃이 피지 않는가.

나 비록 지금은 굼벵이 옷을 입고

어두운 진흙 속에 처박혀 있지만

언젠가 나는 밝음 안에서 연꽃처럼 빛나며

청아한 매미 소리로 기쁨을 노래할 것이다.

나 지금 온몸을 세우는 척추가 부서져서
한 평도 안 되는 공간에서 꼼짝도 못하고 있지만
그래!
비록 지금은 아닐지라도 나는 이겨 내리라.
뼈를 세우는 고된 시간을 이겨 내리라.

08

강원도 평창으로 오세요

얼굴을 익히고 말문을 열어 놓게 된 1, 2방 환자는
만나면 좋은 이웃으로 이야기꽃을 피웁니다.
오늘도 예외 없이 부사관 이야기로 시작한 듯합니다.
1번 환자님은 특별히 남편과 그의 직업에 대한
자부심이 남달리 지대한 것 같았습니다.
나는 그분 이름을 부사관 마누라를 줄여서 '부사마'라고
붙여 주고 내 맘대로 합당한 훈장을 수여했습니다.
부사마님의 오늘 주요 주제는 친구와 김치인 것 같아요.
인성이 좋은 부부에게는 친구도 많은 것 같았습니다.
고향이 강원도 평창인데 정말 좋은 곳이라며 극찬을 하네요.
결혼 후 타 지방에 살다가 자녀들이 어렸을 때는
그곳에서 잠시 살기도 했다며 그 시절의 이야기를 하였습니다.
그녀의 맛깔 나는 이야기는 어느새 우리 모두를
고향 마을로 데려가고 있었습니다.
맑고 시원한 계곡이 전개되고 함께 수영하며
손에서 빠져나가려는 고기를 억지로 움켜잡으려는 모습이
상상되고 깔깔거리는 소리가 들리는 것도 같았습니다.

계곡의 친구들은 초등학교도 함께 다닌
오래된 동무들이라는 것이지요.
그들도 비슷한 나이에 결혼을 해서
자신들을 빼닮은 2세들을 데리고 휴가 때가 되면
그곳으로 자연스레 모였다고 합니다.
그리고는 자녀들과 합세해서 어렸을 때와 똑같은 모습으로
적도 동지도 가리지 않고 무차별로 공격하는
막가판(?) 물싸움을 했다고 했습니다.
한참을 그러다 시장기가 들면 물 밖으로 나와
마련해 온 각종 음식을 차려 놓고 먹고 마시며
살아가는 이야기를 나누었다고 합니다.
차츰 원기가 충전되면 다시 계곡으로 들어가서
평화롭게 놀던 물고기와 사투를 벌린다는 것입니다.
살려고 버둥대는 고기를 맨손으로 낚아채려 안간힘을 쏟고
잡힌 놈은 놓아주기도 했답니다.
다시 한번 가고 싶은 그 시절 그 모습으로
그녀뿐 아니라 나도 황홀했습니다.
더욱 기가 막힌 말은 그 친구 중 한 사람의 어머니가
결혼 후 20년이 되어가는 지금까지
김장철이 되면 절인 배추와 양념까지
택배로 보내주신다는 것입니다.
오늘 집에서 김치를 가져왔다며
함께 먹자고 점심 예약을 하고 있습니다.

잠시 후 점심시간에 그들의 김치 찬가가
찬란하게 울려 퍼졌습니다.
부사마의 멋진 모습을 하나 더 보태면
별로 할일 없어 기웃거리는 우리 안나까지도
이야기에 동참시키고 점심도 함께 먹는 것이었습니다.
더구나 넉넉한 그녀는 소리 없이 나까지 챙겨 주어서
그날 저녁 저도 김치 맛을 보았습니다.
나는 이 김치만 병원 냄새가 나지 않는구나
했더니 이해 불급인 안나는
김치는 앞집 아줌마가 집에서 담근 것이에요.
알고 있지요.
이 김치만 먹을 만하다는 뜻입니다.
말씀도 많지만 궁금증도 많은 부사마님은
구중궁궐 속에서 신음 소리만 들리고 일체 목소리도 모습도
보여 주지 않는 나에 대한 궁금증이 엄청 심해지면서
벌어진 커튼 사이로 가끔씩 고개를 들이밀고 있는 것입니다.
그러더니 애처롭고 불쌍함에 김치까지 챙겨 주는
넓은 가슴을 가진 사람임을 보여준 것입니다.
그날은 김치 얘기를 들려주시고
방문객을 맞으러 내려갔습니다.
부사마님, 부럽습니다.
친구를 그리며 재미있는 이야기가 생각났습니다.

노년의 친구

어느 노인이 개구리 한 마리를 잡았는데
개구리는 이렇게 말했습니다.
"키스를 해 주시면 저는 예쁜 공주로 변할 거예요."
그런데 이 말을 들은 노인은
키스는커녕 개구리를 주머니 속에 넣어 버렸습니다.
개구리는 깜짝 놀라
"키스를 하면 예쁜 공주와 살 수 있을 텐데요.
왜 그렇게 하지 않죠?" 하고 물었습니다.
그랬더니 노인은,
"솔직히 말해 줄까? 너도 내 나이가 되어 보면 공주보다
말하는 개구리가 더 좋을 거야"라고 대답했습니다.

노인이 예쁜 공주보다 주머니 속에 늘 지니고 다닐 수 있는
말하는 개구리를 선택한 이유는 친구입니다.
탁월한 선택 아닐까요?

친구가 귀해지는 노년에 접어들면
더욱더 이야기할 상대가 중요해 집니다.
주어진 삶을 멋지게 엮어가는 위대한 지혜는
우정(友情)인 것 같습니다.
내게도 주머니 속에 넣어 가지고 다닐 수 있는
개구리가 필요할 시기가 다가옵니다.
개구리 한 마리 있으면 좋겠습니다.
개구리보다 더 즐겁게 놀 수 있는
친구가 많아 보이는 부사마가 부럽습니다.

09

삶은 땅콩

부사마의 오늘 주제는 땅콩입니다.
그녀는 집 앞 텃밭에 손쉽게 키울 수 있는
야채를 심어 놓고 반찬으로 활용하는데
가장 좋아하는 것이 땅콩이라고 합니다.
한쪽에 땅콩을 심어 이맘때쯤 걷어 들이고 삶아 먹는 것을
온 가족이 전통처럼 지키며 좋아하는 일이라고 합니다.
어제 추수했는데 맨 처음 삶은 것을 엄마 잡수시라고
아들이 가져다주었다는 것입니다.
얼마나 아름다운 가족인가 부럽습니다.
삶은 땅콩이라면 나도 좋아합니다.
그리고 추억도 있습니다.
처음에는 땅콩도 삶아 먹는가.
이상했었는데 첫 만남은 이랬습니다.
1990년쯤에 처음 동남아 여행을 갔었는데
그곳에서 삶은 땅콩을 주었습니다.
그들은 그렇게 먹는다며 대접하는데
삶는 솥을 보고 입에 넣고 싶지 않았습니다.
너무나 허접해 보이는 솥이라서 맛을 보지도 않고 물리쳤는데

하도 맛있게 먹기에 먹어 보니 나름 색다른 식감이 있었습니다.
이제까지 기억하는 단단하고 고소한 것이 아니고
부드러우면서도 구수한 맛이었던 것 같습니다.
두 번째 만남은 이곳에서였습니다.
이사 와서 보니 멀리에는 논이 펼쳐져 있고
가까이에는 배 과수원이 있으며 우리 집 담 너머에는
땅콩이 튼실하게 자라고 있었습니다.
10월이 가까웠기에 거둬들일 때가 되었다고 생각하는데
11월이 지나갈 때까지 그대로 땅에서
추위에 힘들어하고 있는 땅콩이 보였습니다.
저럴 수가 있는가.
날마다 애가 타서 밖을 내다보며
안타까워했는데 12월로 접어들었습니다.
어떤 주인이기에 이 살벌한 엄동설한 속에
저렇게 방치할 수가 있단 말인가.
내가 생각해도 이상하리만큼 과하게
찬바람 속에서 떨고 있을 땅콩 생각만 하면
분노가 들 지경이 되었습니다.
나중에야 그해에 코로나로 농사를 지어 주었던
외국인 노동자가 감소했고 일손이 부족했기 때문임을
알게 되었지만 그때는 그것을 몰랐기에
매일 밖을 내다보며 애를 태웠습니다.
그렇다면 근처 마을 사람들의 도움을 청해서

함께 추수하고 반반 나누어 가졌다면
얼마나 좋았을까 싶은 것이 지금의 생각입니다.
이웃 아파트 주민들도 많은 관심을
가진 것으로 알고 있었으니 말입니다.
폭설과 한파가 잠시 누그러졌지만 이미 12월 하순이 되었습니다.
햇볕이 따뜻해진 어느 날 동네 산책을 나갔다가
그곳에 들어가 보았습니다.
엄청나게 싱싱했던 그들이었는데
너무나 초라하게 얼어붙어 있었습니다.
가까이 들여다보는데 저만치 있는 것에서
왠지 모를 생명이 느껴졌습니다.
얼어붙은 흙덩이를 들치고 보니 얼어붙은 회색 꼬투리 속에
옅은 연분홍색 땅콩이 조심스레 들어 있었습니다.
작은 생명체를 손바닥에 올려 보고 있는데 저쪽에서도
나에게 도움의 손길을 청하는 것 같았습니다.
한 알씩 한 알씩 그나마 연분홍색이 남아 있던 콩알이 말입니다.
쭈그리고 앉아서 가만히 그들을 주워 올렸습니다.
한참을 모아 보니 꽤나 많았습니다.
시간도 제법 흐르고 작은 가방도 묵직해 졌습니다.
대부분 모든 꼬투리는 얼어붙어서 검은색으로 변해 있었는데
그 속에서도 용케 살아 있는 콩알이 있었다니
생명의 끈질김이 보였습니다.
그때 전에 읽은 것이 문득 생각났습니다.

1.4후퇴 때 이야기입니다.
피난 가는 난민들 중에 아기를 업고 가던 여인이 있었답니다.
1월의 혹독한 추위와 굶주림과 피로에 지친 그녀는
더 이상 갈 수 없음을 느끼고 아이를 내려
한쪽에서 자리를 잡았습니다.
포대기로 아기를 감쌌지만 찬바람 한 자락이라도
막아 보려고 마지막 남은 자신의 옷까지 둘러주고
아기를 꼭 끌어안았습니다.
후퇴하는 난민 속에는 미군도 있었는데
아기 울음소리를 듣고 주위를 둘러보았더니
저쪽에 검은 물체가 보였습니다.
그곳에 갔을 때 벌거벗은 여인이 소리 나는 물체를
꼭 끌어 안고 동사한 후였습니다.
그는 그녀를 덮어 주고 아기를 품에 안았습니다.
그를 따라 미국에 간 아기는 멋진 청년으로 자랐고
그 후 미군 아버지와 한국에 와서 마지막까지
자신을 품어준 육신의 어머니를 만났다고 합니다.

자식을 지켜 주려는 그런 마음은
한낱 식물도 품고 있는 것이 아닌가 싶었습니다.
비록 꼬투리는 얼어 썩어 가지만 한 알이라도 살려 보려
꼭 싸고 있었던 것은 아니었을까요.
연분홍 생명은 삶은 땅콩으로 변신시켜서 맛있게 먹었습니다.

당신은 부러운 사람

10
6살 꼬마 신동

안나 아버지 가족은 고난을 무사히 통과한 사람들의 표상같이
합심해서 열심히 살기 위해 무던히 애를 썼답니다.
성장한 형제들이 학교에 다닐 때는 온 식구가 명석함을 보이는
안나 아버지께 투자를 했고 그는 수의사가 되어
다른 형제들에게 보답했답니다.
그렇게 안정을 이룬 안나 아버지가 드디어 결혼을 하였고
첫 자녀로 안나를 얻게 된 것이지요.
안나는 이국땅에서 얻은 첫 열매였기에 보배 중 보배로
그들에게 안겨준 선물이었지요.
선물이 되었던 그녀는 가족과 친지 또 주위 사람들의
열화 같은 사랑을 먹으며 성장했답니다.
그런 사랑이 있었기에 매사에 자신감이 있고
긍정적이라고 자신을 설명합니다.
6살 때 했던 일이 기억난다며 말합니다.
"우리 안나가 크면 밥도 할 텐데"하며
퇴근 후 늦어지는 저녁밥을 서둘러 하시면서 말씀하시는
엄마의 예언을 실전에 옮기기로 했대요.

그래서 며칠을 엄마가 밥하시는 모습을 유심히 살폈다가
할 수 있겠다는 맘이 들었을 때 작전에 임했답니다.
엄마가 하시던 대로 쌀을 가져다 정성껏 씻어 솥에 담고는
불을 댕겼대요.
한참 후 냄새가 예사롭지 않아 열어 보니 까맣게 탔더래요.
아, 밥물이 적었구나 하고는 얼른 꺼내서 돼지 밥으로 던지고
다시 쌀을 씻어 전보다 물을 더 많이 넣고 앉혔답니다.
그 결과는 밥이라 할 수 없는 묽은 죽이 된 것을 보고
다시 돼지우리에 던지고 3번째 쌀을 씻고는
처음과 두 번째의 중간만큼 물을 넣고 밥을 지었답니다.
한참 후 맛있는 냄새가 나는 것을 확인하고는
불에서 내리고 저녁상을 차렸답니다.
밥그릇에 밥을 담고 텃밭에 나가 고추를 따서
된장과 함께 접시에 담고 김치를 꺼내서 상위에 얹어 놓고
상보로 덮어놓은 것이지요.
저녁에 퇴근하신 부모님이 상보를 젖히고 가지런히 놓인
저녁상을 대하고는 벅찬 감동을 어쩌지 못하시고
안나를 끌어안고 대성통곡을 했대요.

그것이 6살 신동 안나의 도전 1호였다고 합니다.
각별한 부모님의 보살핌 속에서 자랐기에
학교에 가서도 두각을 나타내며 늘 반짝였던 것 같습니다.
그 시절 그곳에서도 대학교 문턱이 높았지만
당당히 들어갔고 선생님이 되었다고 합니다.
그런데 왜 이곳에 왔느냐고 하니까.
사회주의 체제에서는 고단했고 아무리 애를 써도
노력한 만큼의 소득이 없었다고 했습니다.
그러다가 한국에 가면 노력한 만큼
삶이 바뀐다는 말을 듣게 되었는데
자신도 할 수 있겠다는 누를 수 없는
자신감이 생겼다는 것입니다.
비슷한 시기에 또 다른 사건이 생겼는데
미국에서 한국인 의사를 포함한 선교사가 온 것입니다.
그들은 의사소통이 되지 않아서 어려움을 느끼고
통역자를 급히 구했답니다.
나서는 사람은 없었고 안타까운 맘에 어릴 때 들었던
몇 마디 한국말이 생각나서 거든 것이 계기가 되어서
안나는 일약 통역자로 발탁이 되었답니다.

그것으로 인해 그동안 침침했던 안과 진료를 받게 되었고
백내장을 무료로 수술을 받는 특전을 누렸다는 것입니다.
더욱 뚜렷해진 것은 눈만이 아니고 공산주의 사회와
민주주의 사회의 차이를 보았다는 것이지요.
그녀는 그야말로 비행기표만 들고 한국에 왔고
첫 번째 문을 두드린 곳은 식당이었답니다.
그리고 새벽부터 밤늦게까지 할 수 있는 한
열심히 일을 했다고 해요.
그녀의 멋진 점은 한 번도
나쁜 사람을 만나지 않았다는 생각입니다.
자신이 한 만큼 대접을 받았다는 것이지요.
5년쯤 일하면서 현재 사용하는 말의 대부분을
그곳에서 배운 것이라고 했습니다.
드러내지는 않았지만 그녀의 전쟁 같았을 지난 시간을
상상해 보았습니다.
그러다가 간병인이라는 직업을 알게 되었고 도전했으며
자격증 취득 후에 직업을 갈아타게 되었답니다.

처음부터 요양병원 같은 곳에 근무하면서
10명이 넘는 환자를 관리했다는군요.
날마다 고된 노동의 연속이었지만 수입이 많아서
고향에 있는 5명의 자녀를 대학까지 가르침으로
만족했다고 합니다.
지금은 직계 가족이 16명으로 늘었고
풍요로운 생활을 하면서 즐겁게 살고 있다고 합니다.
내가 일대일 간병인으로는 두 번째고 첫 번째는 바로
밑층 병동에서 했는데 그날을 끝으로 나가려는 순간
나의 전화를 받은 것이었답니다.
아마 그녀와 나는 만나야만 하는
인연이 있었던 것이 아니었을까 싶습니다.
지금은 러시아 글자라서 읽을 수 없는 그녀의 편지를 보면서
시인 이채의 '인연'을 읽어 봅니다.

> Дорогая Пак О Сон нм!
> Вот и провели мы вместе целый календарный месяц! Пришло время расставаться! Немного грустно! Когда встречаешься с человеком впервые была радость знакомства с новым человеком!
> Дорогая Пак О Сон си!
> Желаю крепкого здоровья и долгих лет жизни!
> Пусть Вас радуют ваши дети своими маленькими успехами!
> Вам терпения и долгих лет жизни!
> Рада была встретиться с Вами!
> Всего самого наилучшего!
> Будьте здоровы!
> С уважением Ульяна Анне Дё.

편히 지내요.

인연

— 이 채

인연이 만날 땐 꽃으로 피었다가
인연이 헤어질 땐 낙엽으로 지지요
오는 사람은 석 달 열흘 오더라도
가는 사람은 하루에 가더이다

이 풍진 세상
앙상한 나뭇가지 새하얀 눈이 내리면
인생 구만리 하늘에서 땅으로
수많은 인연이 머물다 간 자리마다
하얗게 피어나는 눈꽃 눈꽃송이

덮어 주는 저 온기는 사랑의 가슴이요
쌓여 가는 저 무게는 그리움의 몸짓이라

오 당신과 내가
어느 세월 어느 바람으로
또 만날지 누가 알리오

만나고 헤어지는 인법의 굴레 속에서도
부디 당신과 나의
아름다운 인연의 향기
처음과 끝이 같았으면 좋겠네

그때 눈꽃송이 뜨락에
고운 발자국 하나씩
남기기로 합시다.

11
관구장
신부님

9월 20일 입원을 했고 고통의 정점에 있을 24일에
예수 성심 전교수도회의 한국 관구장 고분도 신부님이
문자를 보내셨습니다.
이곳은 성전건축을 위해 건축기금을 보낸 곳이고
신부님께서는 정기적으로 소식을 보내
그곳 사정과 형편을 알려 주시고 계십니다.
이번에는 문자와 함께 보내 주신 사진으로 보아 지금 그분은
나와는 너무나 다른 별천지에 계신 것 같았습니다.

예수 성심은 온 세상에서 사랑을 받으소서!
저는 지난 9월 14일에 로마에 도착하여
현재 로마에서 국제회의를 잘 참석하고 있습니다.
여러 나라에서 모인 신부님, 수사님들과 함께
다양한 경험을 나누면서
저에게는 많은 것을 배울 수 있는 소중한 시간입니다.
저는 국제회의를 마치고 10월 9일에
한국으로 돌아갈 예정입니다.
이곳 로마 시간으로 9월 20일 저녁
"김대건 안드레아 사제와 정하상 바오로, 동료 한국 순교자"
기념일을 맞이하여 한국 공동체의 책임자로서
국제 총회 미사를 집전하게 되어서 기쁘고
더욱더 감회가 새로웠습니다.
이곳 국제회의 기간 동안에 매일 미사를 봉헌하며
모든 가족 분들의 영육 간의 건강과 축복을 청하며
봉헌하도록 하겠습니다.
다가오는 추석 잘 보내시길 바라며 이곳 로마에서도
돌아가신 가족 분들과 조상님들을 위한
위령 미사를 정성 모아 봉헌하도록 하겠습니다.

- 로마에서

저는 눈이 번쩍 뜨였습니다.

로마에 계시구나.

그곳은 교황님도 계시는 곳이고

하느님의 축복이 지대한 곳 아닐까.

그분께 내 소식을 전해서 즉시 축복이 내리고

이 고통이 사라지게 기도해 달라고 간청해 보자.

이렇게 절묘한 시기가 어디 있겠는가.

신부님께 간청하시는데 들어주시지 않겠는가.

별별 달콤한 생각이 머리에 차오르고 있습니다.

정말 물에 빠진 사람이 지푸라기라도 잡고 싶은 심정이

이것인 것 같았습니다.

아무 생각이 없고 의사도 아닌 그분께

무조건 살려달라고 문자 보내고 떼를 쓰고 싶었습니다.

간교하고 사악한 악마의 꼬드김이

하루 종일 나를 쥐어짜고 있었습니다.

신부님도 너를 잘 알고 계시잖아, 해봐.

문자 보내…. 그런 생각들이 저를 흔들었습니다.

물론 저를 알고는 계실 것입니다.

전에 언니한테 이곳을 홍보했더니 기꺼이 동참하시기로 하고 어느 날 전화를 하셨답니다.

통화 중에 "누가 이곳을 알려 주었냐"고 해서 박오선입니다. 라고 말씀 드리니까 바로 스텔라 자매님이요? 하시더랍니다.

그 많은 회원들 중에서 본명을 바로 기억하시는 것에
언니는 너무 놀라웠대요.
물론 그분의 기억력도 좋으셨겠지만
제가 항상 답글을 드렸던 것이
기억을 더 빨리 불러올 수 있지 않았을까 싶었어요.
그러다가는 아무러면 어떤가.
설사 모르신다 해도 아파서 기도해 달라고
애원하는데 거절하실까.
회원이 이런 기막힌 사고를 당했다면
당연히 기도해 주시겠고 관구장님 같으신 분의 기도라면
백발백중 효과가 있지 않겠는가 하는 엉뚱한 생각이
머리를 채우고 있었던 것이지요.
그러다가 내가 미쳐 가는 것이 아닌가.
그렇게 좋은 시간을 보내시는 그분께 왜 조금이라도
도움은 드리지는 못할지언정 걱정을 드리려 하나.
이러면 안 되지. 비로소 제정신이 돌아왔습니다.
하루를 자신과 싸우다가 이렇게 답을 드렸습니다.

안녕하세요, 관구장 신부님!
새 수도원 건축물이 순조롭게 진행되고 있어서 다행입니다.
외벽에 설치된 성심 십자가로 수도원 모습이 완성되어 보입니다.
그동안 무더위 속에서 정말 수고가 많으셨습니다.
국제회의 참석 중에도 건강하시고 은혜로운 시간과
추구하시는 모든 일들이 잘 이루어지시기를 바랍니다.
 - 박오선 스텔라가 올립니다.

잘했다고 생각은 하지만 웃는다고 웃는 것이 아니었습니다.
바로 바쁘신 중에 답신이 전달되었습니다.

예수 성심은 온 세상에서 사랑을 받으소서!

스텔라 자매님, 소중한 문자 감사드립니다.
여전히 무더위가 이어지고 있는 가운데 무엇보다도
모든 가족 분들이 늘 영육 간에 건강하시길 기도드립니다.
"희망과 위로의 터전"이 될 새 수도원의 건축이
잘 진행될 수 있길 계속해서 기도 중에 기억 부탁드립니다.
그리고 저도 로마 국제회의 잘 마치고 건강한 모습으로
귀국하도록 하겠습니다.

전체 회원님들에게 보내는 다음과 같은 문자와
영화장면 같은 사진도 왔습니다.

찬미 예수님,

이곳 로마는 낮에는 다소 덥지만 아침저녁으로는
다소 쌀쌀함을 느끼게 됩니다.
지금 이곳 로마에서 저는 국제회의가 이어지고 있어서
추석의 느낌은 가질 수가 없네요.
하지만 이곳 로마 시간으로 9월 28일 늦은 밤
그리고 한국 시간으로는 9월 29일 아침에 저와 함께
국제회의를 참석하시는 저희 수도회 신부님과 함께
추석 위령 미사를 정성 모아서 봉헌을 하였습니다.
추석 위령 미사를 봉헌하면서 돌아가신 가족과
조상님들을 위하여 정성 모아서 미사를 봉헌하였습니다.
오는 10월 2일 월요일
바티칸에서 교황님과의 알현하는 은혜로운 시간도 갖게 됩니다.
새롭게 시작되는 10월도 늘 변함없이 모든 가족 분들의
영육 간의 건강과 축복을 청하며 기도와 미사 중에
언제나 함께합니다.

― 로마에서

안녕하세요, 관구장님.
여러 가지 활동들 멋지십니다.
오시는 날까지 건강하세요.
박오선 스텔라가 올립니다. 라고 간단하게 답글을 올렸습니다.

그러면서 김대건 안드레아 사제와 정하상 바오로,
동료 한국 순교자들을 떠올렸습니다.
그분들은 모진 박해와 고문 속에서도 신앙을 지키며
순교까지 하셨는데 내 모습이 너무나 초라하고
나의 의지가 약하구나! 싶습니다. 맞습니다.
저는 아무리 생각해도 고문을 당한다면 살벌할 주위 환경에
압도당해서 그냥 어떤 말이라도 꺼내기 전에
모든 것을 내려놓고 돌아설 것 같음을 고백합니다.
하지만 오늘은 고통 속에서도
흔들리지 않게 잡아주셔서 정말 감사합니다.
만일에 제가 고통이라는 악마에 지고 헛소리나 전했다면
누가 뭐라 하진 않겠지만 생각날 때마다 제 마음이
얼마나 슬퍼하겠습니까.

감사합니다.
감사합니다.
감사합니다.

12

감마선 카메라

오늘은 아침부터 무슨 사진을 찍는다고 전갈이 왔습니다.
X레이도 찍고 MRI도 찍었는데 뭘 또 찍는지는 모르겠지만
잠시 이곳을 나갈 수 있다니까 괜히 설레었습니다.
이동침대가 들어오니
대화로 시끄러웠던 병실이 잠잠해졌습니다.
담당자가 커튼을 젖히고 나를 옮겨 실으며
밖으로 이동하려 하자 병실은 얼음동굴이 되었습니다.
그동안 얼굴 한번 목소리 한번 보여주지도
들려주지도 않다가 누워 있는 모습으로 등장하니
모든 것이 멈추고 얼음이 된 것이지요.
천천히 밖으로 이동하는 제 뒤에서
'잘하고 오세요' 하는 작은 목소리가 들렸습니다.
부사마일 듯싶습니다.
그녀는 정이 많으니 나를 위해 기도도 해 줄 것 같습니다.
그런데 문밖에서 2미터 정도 나와 엘리베이터 앞에서 기다리는데
"시간이 변경되었어요. 다시 들어가서 기다리세요."

하는군요.
쑥스럽게 나오자마자 되돌아서게 되었지만 괜찮아요.
문밖에 나온 것만으로도 세상이 새롭게 보이네요.
12시에 다시 오라고 해서 내려갔더니 그곳 문 앞에서
주사를 놓고는 3시에 오라고 돌려보냈습니다.
드디어 3시가 되었습니다.
나를 감히 삼고초려 시킨 넘이 어떤 놈일까 살짝 궁금도 했어요.
문 앞에서 문패를 보니 감마선 카메라 실이라는 것입니다.
엑스레이 MRI와 CT를 넘어
이제는 감마선까지 등장했구나.
새로 등장한 이놈은 얼마나 콧대 높고 대단하기에
날 삼고초려 했을까?
방안은 텅 빈 것 같고 침대 하나가 있었습니다.
나를 인계받은 사람이 더 작은 다른 침대로 옮겼습니다.
그러더니 천으로 덮고 끈으로 묶었습니다.
아무리 살펴도 카메라 같아 보이는 것은 없고 통도 없는데
어쩌자는 것인지 모르지요.
잠시 후 침대가 앞으로 조금 밀렸습니다.
정체를 드러내지 않고 이놈은 어디 숨어서
무얼 하겠다는 것인가?
눈을 돌려 찾다 위를 보니 큼직한 정육면체 쇳덩이가
떡 버티며 내리 누르듯이 당당하게 달려 있네요.

사람은 보이지 않고 방송으로
시작하겠다는 사인이 들리며 움직이지 말라고 경고합니다.
무쇠덩이는 천천히 몸 가까이 내려오시고
근엄하게 묵묵히 한참을 내려다보시고 계십니다.
다음에는 오른쪽을 찍는다는 방송이 들리기에
내가 몸을 돌려야 하는가 고민하는데
저 혼자 오른쪽으로 쑥 기울이더니
옆구리를 스캔하고 있습니다.
신통한 쇳덩이로구나.
그런데 저놈은 내 몸을 정확하게 파악하였을까?
새로운 기술이라고 자처하며 몸속을 통과하고 나갔으니
어떤 피해를 안겨 주지나 않을까 걱정도 됩니다.
이럭저럭 마치고 나서 '잘하셨습니다'라는 칭찬을 듣고
으쓱해서 돌아왔습니다.

칭찬에 목말라하는 것은 애들이나 늙은이나
한가지인 것 같습니다.
병실에 오니 이미 부사마와 2번 환자는 퇴원하셨습니다.
병실에 다시 혼자 남았습니다.
내일이 되면 다른 환자로 바뀔 것이고
다른 일들로 채워가고 다시 내일이 되고
시간은 쉬지 않고 흐르겠지요.
내게 남은 시간은 얼마나 될까.
다시는 돌릴 수 없는 시간이 우리 모두의 청춘을
갉아먹고 있는 것은 아닌가 싶습니다.
우울해지려는 그때 사무엘 울만을 떠올립니다.
그대가 안테나를 올리고 낙관주의의 물결을 잡는다면
그대 팔십 세일지라도 청춘으로 살 수 있다는
사무엘 울만의 '청춘'을 음미해 봅니다.

청춘

— 사무엘 울만

청춘은 인생의 어떤 시절이 아니라 마음의 상태이다
장밋빛 볼, 붉은 입술, 유연한 무릎의 문제가 아니다

그것은 의지와 풍부한 상상력 감성적 활력의 문제이다
청춘이란 인생의 깊은 샘에서 솟아나는 신선함이다

청춘은 욕망의 소심함을 넘는 용기와
안이함을 넘는 모험심 탁월한 정신력을 의미한다

청춘은 때때로 이십 세의 청년보다
칠십 세의 노인에게 아름답게 존재한다

단지 연령의 숫자로 늙었다고 말할 수 없다
황폐해진 우리의 이상적 사고에 의해 늙게 되는 것일 뿐이다

세월은 피부를 주름지게 하지만
열정을 버리는 것은 영혼을 주름지게 한다
근심과 두려움 자신감을 잃는 것이
우리 기백을 죽이고 마음을 시들게 하네

그대가 젊어 있는 한
칠십이든 열여섯이든 모든 인간의 마음속에
경이로운 것에 대한 동경과 아이처럼 왕성한 탐구심과
무언가에 대한 끝없는 욕망 삶 속의 환희가 존재한다면

희망, 희열, 용기와 힘의 메시지를 갖는 한
그대의 젊음은 오래도록 지속되리라

안테나가 내려지고 그대의 영혼이 냉소의 눈과 비관의 얼음으로
덮이면 육신이 이십 세일지라도 이미 늙은 것이다

그러니 그대가 안테나를 올리고 낙관주의의 물결을 잡는다면
그대 팔십 세일지라도 청춘으로 살 수 있으리라.

사무엘 울만을 믿어보겠습니다.
그분이 말씀하신대로 자신감을 잃지 않고
청춘을 살기 위해 낙관주의의 물결 속에 머무르겠습니다.
내일 오실 환자 분을 기대합니다.

13
의문의 할머니

왁자지껄하는 소리가 들리더니
2번 방으로 들어서는 것 같습니다.
왠지 분위기가 어수선하네요.
걸걸한 할머니 목소리가 주위를 압도하고 있습니다.
모습을 볼 수는 없지만 기골이 장대하신 것 같습니다.
"난 갈 거야. 당장 여기에서 나갈 거야."
소리를 질러 대십니다.
이게 무슨 일인가?
"오늘 하루만 저와 함께 계세요."
"싫어, 보내죠. 난 집에 가서 죽을 거야.
왜 날 이곳에 처넣는 거야. 내보내죠."
"안돼요, 어머니. 아들이 안 와서 섭섭하시구나.
오늘 하루만 저와 함께 주무세요."
반복되는 말은 할머니는 이곳이 싫고 집에 가신다는 것이며
한쪽에서는 달래느라고 무진 애를 먹고 있는 것 같습니다.
"피가 흐르잖아요. 하루만 지내시면 내일 수술받으시고
집에 가실 거예요. 오늘 하루만 계셔요."

"싫어, 집에 갈래. 집에 보내죠."
악을 쓰고 계십니다.
이것이 대체 무슨 일인가.
"피가 묻었잖아요. 갈아입으세요."
"싫어, 나 안 보내주면 밥 안 먹을 거야."
"오늘은 어차피 금식이라 식사 못 드시는데
모르셨어요. 할머니?"
간호사도 놀리는 것 같습니다. 치매에 걸리셨나?
"환자복 갈아입히세요."
"힘이 세서 할 수가 없네요."
"안 되겠어요. 팔을 꼭 잡으시니 입힐 수가 없어요."
마침내 할머니는 고강도 마지막 카드를 내놓으시네요.
목청을 최대로 올리고 대성통곡을 하십니다.
"아이고 아이고, 나는 집에 가서 죽고 싶은데
왜 이곳에 처박아 놓고 죽이려 하는 거야.
내 손으로 밥해 먹다 죽고 싶은데
왜 이 구덩이에 집어넣는 거야. 아이고 아이고."
이 사람 저 사람 돌아가며 달래고 달래도
할머니는 전혀 들으려 하지 않고 목청을 올립니다.
난감한 일입니다.
어떻게 이런 일이 일어 날 수 있을까.
정말 이해할 수가 없네요.

할머니는 전혀 치매는 아닌 것 같으며
자신의 병을 아시는 것도 같은데
병원이라는 곳에 맡길 생각이 없어 보입니다.
며느리가 있겠다고 해도 막무가내입니다.
결국 병원 측에서 손을 듭니다.
"옆방에 피해가 돼서 더 이상은 안 되겠어요"
라면서 말입니다.
다수가 한 사람을 설득하지 못하고 시끄럽게 퇴장하였습니다.
왜 그렇게까지 완강하게 고집하셨는지 의문입니다.
지금도 그 할머니의 속마음을 알 수 없지만
왜 그렇게까지 굳어지게 되셨는지 안타깝습니다.
혹시 병원을 현대판 고려장을 지내는 곳으로
착각하신 것은 아닐까 생각도 들지만 설마 그랬을까요.

지금은 어디서 어떻게 지내시고 계실까?
무슨 병인지는 모르지만 그저 건강을 회복하셨기를 바랍니다.
나도 노인입니다.
노인이 편안하셔야 하는데
그분은 무엇 때문에 그렇게 불편하게 되셨을까요.
안타깝습니다.
제 마음도 불편하고 가슴이 먹먹하기도 해서
글쓴이는 모르지만 노인에 대한 글을 읽어 봅니다.
읽고 또 읽어 봅니다.
노년의 향기를 느끼고 싶어서입니다.

노년의 향기는 모습에서 느껴지는 편안함입니다.
그것은 오래 살아본 삶에서 배어나는 향기입니다.
애써 거두어들인 풍족함이 아니라
인고로 견디어 온 초월함과 여유입니다.
삶의 성숙은 곧 오래된 향기로 남습니다.
인생의 향기는 노년에 완성됩니다.
죽음을 공포로 받아들일 때 노년은 괴롭고 쓸쓸하지만
죽음을 섭리로 받아들이고 삶을 감사하면
노년은 풍성한 결실이요,
은혜임을 압니다.
참다운 인생의 결실은 노년의 향기입니다.
성숙함은 다음 세대를 위한 희생입니다.
젊음의 상징이 아름다움이라면
노년의 상징은 원숙함입니다.
그것은 인생의 향기입니다.
모든 것을 포용하고 용서하며 내어 줄 수 있는 것
그것은 인류에 대한 사랑입니다.
늙어 가는 모습에는 편안함이 있어야 합니다.
그것은 노인 됨의 축복을 알아야
진정한 노인의 행복을 누릴 수 있다는 의미입니다.
늙어 가는 자기 모습은 누구에게나 실망스러운 일입니다.
오래 살고 싶은 연민 때문입니다.

살아 있는 자는 누구나 노인이 되는 것을
당연한 것으로 받아들이지만
사실은 누구나 다 노인이 되는 것은 아닙니다.
노인이 되지 못하고 죽는 이가 많기 때문입니다.
노인이 된다는 것은 특별한 축복입니다.
늙어 감을 안타까워하고 좌절할 일이 아니라
늙음을 받아들이고 생을 관조하면
남은 삶이 여유로울 수 있습니다.
나이 듦은 삶의 진정한 의미를 알게 할 것이며
늙지도 않고 끝없이 오래 살고 싶다는
인간의 욕망과 갈등을 내려놓게 할 것입니다.
젊은 날을 돌이켜보면 아쉬움과 후회 같은 것이야 있겠지만
노인이 되었다고 모든 것을 다 잃은 것은 아닙니다.
노인까지 살아남는 것도 누리는 축복입니다.
중년 이후의 얼굴은 자기가 책임져야 합니다.
결국 자기 인생은 자기가 만들어 간다는 말입니다.
이렇게 해서 노인의 얼굴에는 노인의 일생이 담기게 됩니다.
그 얼굴에는 편안함이 있어야 합니다.
그것은 마음의 여유로움입니다.

노풍,
당당한 자만이 누릴 수 있는 편안함입니다.

14
키르기스스탄

음악 세상을 공유한 후 안나와 많은 이야기를 했습니다.
"안나 고향은 중국인가요?"
"아니요, ㄱ~ㄹ~ㄱ~ㄹ~탄에서 왔어요."
"무슨 말인지 거기가 어딘지 난 모르겠네."
"러시아는 알지요."
"그럼, 푸틴이 전쟁을 일삼는 나라잖아."
"전에는 소련이었는데 지금은 분리된 나라입니다."
그리고 천천히 말하자, 키르기스스탄이 들렸습니다.
"안나의 고향은 키르기스스탄이구나. 그런데 어째 그쪽은
우즈베키스탄, 카자흐스탄 등 스탄이 많아?"
우물쭈물 물으니
"스탄은 땅이라는 뜻이에요."
안나가 자신 있게 대답을 합니다.
그런데 어떻게 그 먼 곳에 가서 살게 되었을까?
궁금해하니, 안나의 이런저런 설명으로 그녀의 과거가
하나씩 들추어졌고 조금씩 알게 되면서
더욱 친밀한 막내동생 같다는 생각이 들었습니다.

안나는 창녕 조씨고 일가친척들이 부산에서 살았는데
꽤나 부유한 양반집이었던 것 같았습니다.
증조할아버님은 부인이 3개 있었다는 것입니다.
피식 웃음이 나왔는데 그녀는 부인 3이 많다고 여겨서
웃는 줄로 생각한 것 같습니다.
한국생활 20년 차라면서도 급할 때는 명과 개의 차이를
구분 못하고 튀어나오는 것 같았습니다.
첫째 부인한테는 아이가 없었고 둘째 부인이
안나의 친조부님을 낳았으며 그분이 안나 아버지를 포함해서
2남 3녀를 생산하신 것 같습니다.
그때가 구한말이었으니 온 나라가 뒤숭숭한 시절
할아버지는 친인척들과 함께 부산에서 살아가고 계셨답니다.
그러다가 무슨 연고가 있었는지 할아버지가 식구를 데리고
시베리아 횡단 열차를 타신 것 같아요.
그때 안나의 아버지는 8살 어린 소년이었답니다.
오래전에 들은 기억을 꺼내면서 그것은 죽음의
열차였었다고 눈물을 흘리며 들었다고 했습니다.
그들은 화물칸에 짐짝처럼 실렸으며
끝없이 펼쳐진 설원을 한없이 달렸다고 했습니다.
가다가 추위와 두려움에 목숨을 잃은 사람은
밖으로 던지며 이 세상 어디에도 없을
죽은 자와의 마지막 장례를 치러가면서 말입니다.
그러다 어느 날 세상 끝없이 갈 것 같았던 기차가

살아남은 사람을 밖으로 토해 놓고 떠나갔답니다.
아무도 없는 하얀 설원에 버려진 그들은 살기 위해
아이들을 가장 속에 자리 잡아 주고 그다음에 여자
그다음에 남자가 서로를 감싸 안으며 매서운 칼바람을
오직 인간의 온기로 버티며 밤을 지냈답니다.
다음날 사냥을 나온 그곳 사람들이 설원에 없었던 물체가
생긴 것을 이상히 여기고 다가왔다가
그들이 사람임을 알고 놀랐겠지요.
생전 처음 보는 창백한 얼굴과 이상한 누더기 옷을 입은
가엾은 이방인을 보고 연민을 느낀 원주민은

마을로 데리고 갔답니다.
그들 또한 어려운 형편인지라
한 집에 한 사람씩 맡아서 돌봐 주었답니다.
원기를 회복하게 먹이고 재워준 것입니다.
그 후에도 갈 곳 없는 그들을 돌봐 주었고
은혜를 입은 자들은 자신이 머물던 집안일을 거들어 주며
한동안 동고동락했답니다.
온 세상이 얼어붙을 것 같던 추위가 사라지자
가족이 모여 살기 위한 집을 만들고 가족을 모았답니다.
가족을 이루려고 나가는 그들을 빈손으로 내보내지 않았고
새끼 염소 등 살림에 요긴한 동물들을 선물로 보냈다고 해요.
안나의 아버지는 총기 있는 분이셨나 봐요.
돌봐 주었던 주인은 어린 소년을 몹시 귀여워했고
새끼 망아지를 주셨답니다.
그 당시 망아지는 엄청난 재산이 될 수 있었다고 해요.
잘 키워서 농사에 요긴하게 쓰기도 하고
교통수단으로서도 으뜸이었다고 합니다.
그렇게 어렵게 가족이 모여서 그곳에 자리를 잡게 된 것입니다.
소련 붕괴 전까지 그곳도 소련이었다고 해요.
살면서 몇 번 이사를 했고 마지막으로 정착한 곳이
키르기스스탄으로 독립을 한 곳이랍니다.
하지만 대부분 러시아 언어를 사용하고 있고
옛날식대로 살고 있다고 합니다.

15
사랑하는 진정한 벗이 있나요

누워서 멍하니 있는데 문자가 왔습니다.
내가 좋아하는 친구인데 긴급한 사연을 보낸 것으로
힘든 일이 생겼다며 함께 기도해 달라는 요청입니다.
사연은 긴박한 일을 해결해야 할 사람과의 소식이
끊어졌다는 것입니다.
이틀 안에 나타나지 않는다면 큰 손해를 입게 된다며
힘든 상황인 저에게까지 염치없지만
연락을 보낸 것이라는 거예요.
선한 모습의 그녀가 감당치 못할
짐 밑에 깔려 있는 것 같아 마음이 아려옵니다.
가만히 누워 있는 내가 할 수 있는
가장 적절한 일이 아닌가 싶기에
오랜 시간 헤매며 일거리를 찾다가 힘겹게 일을 얻은
노동자처럼 그 일에 전념하기로 마음먹었습니다.
그러다가 잠깐 잠이 들었나 봐요.
나는 빛 하나 들지 않는 음침한 음지에
쭈그리고 앉아 있었습니다.

웬일인지 차마 눈앞에 펼쳐진 밝은 햇빛 가로
나서지를 못하고 그저 바라만 보고 있었어요.
눈물을 흘리며 한참을 앉아 있는데 저쪽에서
커다란 문이 열리며 우아한 여인이 걸어 나오셨습니다.
그분이 제 쪽으로 걸어오시더니
"오선아, 가자" 하시며 제 손을 잡아 주셨습니다.
순식간에 일어선 저는 그분과 함께 빛 속으로 걸어갔습니다.
걸어가다가 그만 눈을 떴습니다.
그분 목소리가 지금도 들리는 것 같습니다.
'네, 가겠습니다. 당신이 가시는 길에 기쁘게 따라가겠습니다.'

내가 무엇을 하고 있었나. 그분이 누구신가 옆을 둘러보았지만
언제나처럼 저만 홀로 누워 있었습니다.
이것이 어찌 된 일인가. 무슨 의미일까?
곰곰이 생각하니 어쩐지 친구의 일이
잘 풀릴 것 같다는 생각이 들었습니다.
그런데 고비라던 이틀이 지나도 아무런 연락이 없었습니다.

먼저 묻기도 어려워서 기다리기만 하다가
답답한 마음에 다음날 문자를 보냈습니다.
혹시나 원하는 일이 이루어지지 않은 것일까
걱정이 되어서 망설이다가
'우리 용기를 잃지 맙시다.
비록 지금의 삶이 내 뜻과 다르더라도
우리가 모르는 주님의 또 다른 뜻이 있으리라 믿어요.
주님 도와주시기를 기도하고 있습니다'라고
문자를 보냈습니다.
잠시 후에 답글이 왔어요.
'아멘, 순간순간 밀려오는 두려움을 떨쳐 버리지 못하고 있는
저의 나약한 믿음이 한심하기만 하네요.
기도 덕분에 임차인이 문자 보내왔어요.
지금 중국에 있다면서 다음날 온다고 합니다.'
감사하다며 눈물이 펑펑 쏟아진다고 했습니다.
그리고 다음에는 기다리던 사람이 돌아왔으며
하루 이틀에 끝날 일이 아니지만 그의 협조로
마무리하고 있다고 길게 통화했습니다.
언제나 느끼지만 그런 것 같습니다.
어려울수록 혼자하면 더 힘들고 외로운 길이 되고
함께하면 가는 길이 조금은 수월해지겠지요.
그리고 그 길을 통과하고 나오면 삶의 훈장이
한층 더 쌓이는 것 아닐까요.

살아가는데 마음을 나눌 수 있는

진정한 친구가 한 사람만이라도 있다면

삶이 그리 팍팍하지만은 않을 것 같아요.

그런 벗이 있는 당신은 행복한 사람입니다.

혹시 없다면 지금이라도 찾아보셔요.

우리 곁에서 기다리고 있습니다.

16
하늘을 봅니다

무심히 고개를 돌려 하늘을 바라봅니다.
파란 하늘이 하얀 구름과 어울려
그저 바라만 보아도 상쾌합니다.
그때 저쪽에서 V자 편대를 이루며
무슨 새인지 그림을 만들어 줍니다.
겨울 철새 기러기의 이동인 것 같습니다.
그러고 보니 이미 가을로 들어가고 있네요.
저들도 군대에 갔었나.
너무나 멋진 모습으로 흐트러짐 없이 날아가는군요.
대장이 얼마나 혹독하게 군기를 잡았는지
전혀 망설이지 않고 멋지게 죽죽 앞으로 나아갑니다.
갑자기 왜 하필 V자 모양을 이루며 날아갈까?
궁금해서 전에 들은 것들을 곰곰 생각해 보았습니다.
이젠 내가 나를 믿을 수 없는 게 많아지는 나이라서
확실치는 않지만 V자 모양이 그들이 날아가는데
최적의 편대라는 것 같았습니다.
그 모양이 보기도 멋지지만 중요한 것은

공기 저항을 덜어 주어서 날갯짓 할 때 발생되는
에너지 소모를 줄여 준다는 것이지요.
따라서 맨 앞에서 날아가는 놈은 힘이 있어야 하고
그 대장이 힘차게 날아 주는 덕택에
뒷자리에 갈수록 힘이 덜 든다고 한 것 같습니다.
자신의 희생으로 전체에게 도움을 줄 수 있는 행위를
말없이 수행하는 그는 진정한 지도자겠지요.
그들을 보다가 훨씬 전에 보았던 비행기 쇼가 떠올랐습니다.
국군의 날에 한강 백사장에서 보았던 모습입니다.
처음에는 몇 대의 비행기가 날아가고 점점 숫자가
많아지면서도 일정한 모양을 잃지 않고 날아갑니다.
바로 저 V자 편대입니다.
다음 차례엔 더 많은 비행기가 앞으로 날아가다가
사방으로 펴져 나가 원을 만들며 각각의 곡예를 하고는
다시 본래의 편대를 만들면서 퇴장합니다.
점점 더 많은 비행기가 여러 형태의 모습과 곡예로
가슴 가득 감동을 담아 주고는 날아갑니다.
마지막에는 멋지게 날아오는 비행기들이
오색 연기로 하늘을 수놓고는 서서히 사라집니다.
반세기도 넘는 더 오래전에 본 그 모습이 생생히 기억되는데
지금은 기러기가 그 때를 재현해 주는 것 같습니다.
그리고 보니 지금 이렇게 누워 있지 않았다면 하늘도
유심히 보지 않았겠고 저 새들의 모습도 볼 수 없었을 테지요.

더 중요한 것은 어린 시절 그렇게나 감동시켰던
그 장면은 영영 생각지도 기억하려고도 못했을 거예요.
가끔 고개를 들고 하늘을 봐야겠습니다.
기러기도 기억도 사라진 하늘에
이번에는 구름이 또 여러 모습으로 내 눈을 사로잡습니다.
커다란 시루떡을 만들었어요.
정교하게 팥고물을 얹어 놓은 시루떡에서
김이 나올 것 같습니다.
그것이 천천히 지나가더니 어느새 상평통보가 만들어졌습니다.
그 또한 지나가더니 양떼가 나타났습니다.
양치기 소년도 보입니다.
저 아이는 제발 거짓말쟁이가 되지 말아야할 텐데
생각하는 동안 양떼와 목동은 벌써 지나가 버렸습니다.
그렇다. 지혜의 왕 솔로몬이 결론지은 것처럼
모든 것은 다 지나가는 것이다.
삶도, 죽음도, 기쁨도, 슬픔도, 행복도, 불행도
가만히 머무르지 않는데 내가 너무나 성급하고
조급하게 있는 것은 아닌가 하는 생각이 들었습니다.
그러면서 중학교 때 읊었던 푸시킨의
삶이라는 시가 떠올랐습니다.

삶

삶이 그대를 속일지라도
슬퍼하거나 노여워하지 말라
슬픔의 날을 참고 견디면
즐거운 날이 오고야 말리니

마음은 미래에 사는 것
현재는 언제나 슬픈 것
모든 것은 한순간에 지나가니
그리고 지나간 것은
다시 그리워지나니

나는 왜 그랬는지 이 시를 무척이나 좋아했고
지금도 그렇습니다.
그래 모든 것은 지나간다.
그러나 또 그리워질 수도 있겠구나.
조금만 더 참고 힘을 내자.

17

나를 알리는 말 그릇

3번 방에 환자 같지 않게 씩씩한 환자가 들어왔습니다.
이상한 세계에 들어서면서 시각적인 것보다
청각에 의존하고 있기에 듣기만 해도
눈앞에서 소리가 현실로 상세하게 그려집니다.
그녀가 척척 들어오더니 훌훌 옷을 벗고
환자복으로 갈아입는 것입니다.
그러더니 잠시 틈도 주지 않고 핸드폰을 집어 들고
빠른 템포로 말을 쏟아 놓습니다.
"글쎄, 커피숍을 차리겠다는 거야.
바리스타 자격증 취득한 지 3달밖에 되지 않았는데
거기다가 아파트 상가에 자리를 잡겠다나.
참 나, 장사는 아무나 하는 것인 줄 아는가 봐."
누구인지 모르겠지만 저 밑으로 끝없이 비하시키는 내용을
코웃음 쳐가며 몇 번씩 반복합니다.
3번 환자 입가에 거품이 일어날 것 같을 때
남자분이 들어서니까 다시 하겠다며 내려놓는 것 같습니다.
그리고 그 남자분께 아까의 말을 반복하는데

잠자코 듣더니 짧게 대답합니다.
"그동안 나름대로 훈련받은 것 같던데
그리고 아파트 상가도 괜찮데."
느슨하게 말하는 것 보니 평소에도 여자가
주도권을 잡고 있었겠구나 싶은 냄새가 납니다.
그러더니,
"시간되었어. 내려가자"하며 방을 나서는 것입니다.
그로부터 몇 시간 후 3번 환자가 침대에 실려 들어오네요.
아까와 달리 조용해서 이번에는 진짜 환자 같습니다.
침실 정리를 마친 3번 남자가 집에 알리는 것 같아요.
"엄마는 수술 잘 마쳤어. 아빠는 여기 있다가 내일 바로
출근 할게. 오늘은 너희끼리 있어라"라고 지시합니다.
다시 병실은 정적에 싸입니다.
내일 환자가 깨어나면 또 다른 것을 알려 주겠지….
혼자만의 시간으로 들어갑니다.
움직이지 못하고 천장만 바라보는 요즘은
하얗게 밤을 보내고 새벽에 잠시 눈을 붙입니다.
그나마 잠깐이라도 그런 시간을 보낼 수 있는 게 다행입니다.
아침인가 싶네요.
옆방 남편이 출근하고 여자가 다시 핸드폰을 들고
"아들아, 잘 잤니? 이따가 냉동실에서 송편 꺼내서
레인지에 돌렸다가 가져와. 먹고 싶어서 그래.
지난 추석에 만든 것 말이야" 합니다.

에고, 아직 병원 밥도 먹지 않은 상태인데
벌써 저러시면 안 되지요. 걱정되네요.
잠시 후 3번님의 주치의께서 오시고
몸 상태에 대해 친절하게 설명하십니다.
그동안 쭉 지켜보았고 어제가 적절한 시기인 것 같아
수술했는데 잘되었다는 것이며,
염증이 말끔히 제거되었다고 주치의가 만족해하시자
그녀도 만족하는 것 같습니다.
좋은 소식이라서 다행인 듯합니다.
주치의께서 나가시자 심심한지 안나한테 말을 붙입니다.
그런데 왠지 주인이 하녀한테 대하는 것 같은 느낌이 들어요.
그녀 특유의 말 습관인지
나의 지나친 생각인지는 모르겠습니다.
다행히 안나는 별 생각 없어 보일뿐만 아니라
돌봄 생활이 몸에 베인 듯 별로 도움이 필요하지 않아 보이는
씩씩한 환자를 위해 잔잔한 심부름도 합니다.
그것도 시들해지는 듯할 때 전화가 오고 급히 나갑니다.
뒤늦게 들어온 3번은 방으로 들어가서 핸드폰을 잡습니다.
"아들이 다녀갔어. 송편 가져와서 먹고 남은 건 다시 보냈어"
합니다.
세상에 부사마 같았으면 안나 주었을 텐데 먹던 것을
다시 보냈다니 너무하네, 싶은데 다음 말이 더 가관입니다.
"우리 아들이 투잡하려고 바리스타 배우고 있잖아.

다음 주에 끝나는데 바로 아파트 상가에 커피숍을 내겠단다.
아유, 대견해 죽겠어."
"훈련이 필요할 것 같다고? 괜찮대.
맛보다 분위기를 잘 꾸미는 것이 중요하대.
나 닮아서 장사 수완이 좋을 거야."
내용은 같은데 어제와 달리 너무 표리부동하지 않는가?
그녀는 말 한마디 한마디에 인간성을 드러내 보이네요.
"낮말은 새가 듣고 밤 말은 쥐가 듣는다"고 하는데
말조심해야겠네요.
말에 대한 생각이 머릿속에 포진합니다.
그리고 영국의 대처 수상의 아버지가
대처 수상에게 늘 해주었다는 말을 생각합니다.

생각을 조심해라 말이 된다.

말을 조심해라 행동이 된다.

행동을 조심해라 습관이 된다.

습관을 조심해라 성격이 된다.

성격을 조심해라 운명이 된다.

우리는 생각한 대로 된다.

생각해 보면 꼭 대처 수상님 아버지가 아니더라도
말에 대한 속담이나 격언은 어느 나라든지
무수히 많이 있습니다.
그만큼 중요하니까요.
말이란 입에서 처음 나올 때는 그냥 소리였는데
그 말이 생명을 덧입어 가면서
생각할 수도 없었던 엄청난 결과를 만들잖아요.
천 냥 빚을 갚을 수도 있고 사람을 움직이고
세상을 변화시키는 마법을 부릴 수도 있습니다.
누가 무슨 말을 하더라도 결론은 같을 거예요.
말은 행동과 습관과 성격 그 모든 것을 통해서
결국 운명을 만들어가니까 내가 가고자 하는 나의 길을 가려면
진정성 있는 말을 바르고 합당하게 사용해야겠지요.
내 운명은 내가 만들어가는 것이니까요.

18 사고의 유연성

시끌거리며 비어 있던 1번 방에 환자 분이 들어오십니다.
"넘어질 것 같고 아프잖아. 휠체어 잘 밀어" 하는
걸걸한 목소리의 할머니이십니다.
할머니가 되면 왜 목소리가 커지는 걸까 알 수 없습니다.
방에 들어가신 것 같은데 잔소리가 끝없이 들리네요.
"이것 서랍에 넣고 휠체어 한쪽에 세워 봐."
"옷 좀 댕겨 봐. 아유, 이쪽으로 서랍에 넣으라고 했잔~여~어."
"단단히 닫고 없어지면 어떻혀? 빨리 넣어."
반복되는 걸걸한 목소리에 그만 나는 짜증이 나려는데
정작 한쪽에서 조용하기만 합니다.
늘 그렇게 지내온 것이겠지요.
그러는 사이 간호사가 오고 혈관 주사를 놓으려는 것 같습니다.
늙은 사람 팔에서 혈관 찾기가 쉽지 않겠지요. 갑자기
"아유, 아파~아 아이, 아이 아파~앙."
할머니는 전혀 어울리지 않는 목소리로 어리광을 부리십니다.
자신은 아시는지 모르시는지 애교일까 아양 떠는 것일까.
어린아이 코맹맹이 목소리로 바뀌었어요.

순간 피식 웃음이 나왔습니다.
저 할머니가 왜 저러실까? 간지럽습니다.
간신히 마무리하시고 간호사가 나갔습니다.
"나, 변소 갈래. 저 기저귀 좀 집어 줘."
본래의 목소리로 바꿔셨는데 화장실 가시면서 웬 기저귀인가.
그것도 이해 불능이네요.
뒤늦게 청소하려 들어온 분이
"이런 것을 화장실에 놓으면 안돼요."
소리를 지릅니다.
어떻게 해놓으셨기에 저런 말이 나왔을까 아직도 궁금합니다.
이럭저럭 저녁이 되었는데
취침 준비를 해오시지 않으신 것 같습니다.
할머니 걱정 소리에 밖에 있던 간호사가 들어왔지만
난감해하다가 특별히 전에 간호사가 사용했다는
이불을 가져다주는 것으로 무사히 넘겼습니다.
다음 날은 수술하신다고 금식 명령이 내려졌습니다.
나도 시술하는 날이라 함께 금식 동지가 되었습니다.
밥은 물론 물도 금지되었으니

약을 복용하시는 할머니는 힘드시게 되셨어요.
문제가 또 발생했습니다.
수술하실 때 주의할 점이 있었는데 속옷은 빼고
환자복만 입으라는 주문입니다.
그것이 두 노인은 납득이 되지 않는 겁니다.
나도 많이 의아했습니다.
할머니는 발뼈가 골절되어서 수술하시는 것이고
나는 등뼈 시술인데 왜 속옷을 입지 말라는 것인지
이해가 되지 않았습니다.
하지만 나는 곧바로 내려놓았습니다.
우리는 처음 당하는 일이지만 이분들은 수많은 사례를 통해
그것이 가장 최적의 상태라고 판단했으리라
생각이 들었습니다.
그래서 바로 받아들이게 되었는데
노인네의 생각으로는 바로 이해하기 힘든 일이었겠지요.
할머니보다 오히려 할아버지께서 더 야단이십니다.
"발바닥 수술하는데 왜 빤쓰를 입지 못하게 하느냐"고
백번이나 넘게 항의하십니다.
말이 없으신 분이신가 했는데 그게 아니었습니다.
속았습니다.
할아버지는 사고의 유연성이 없어 보입니다.
타인의 입장에서 생각해 보는 것이 필요한 연세이신데
그렇지가 않으신 듯합니다.

우리는 나이가 들수록 더 너그러워지고
생각의 폭이 깊어지리라 생각하는데
오히려 좁아지고 자기의 틀 속에 가두어 버리려는
경향이 더 생기는 것 같아요.
어찌 보면 사고의 유연성은 살아온 연륜과는
관계가 없어 보입니다.
사람은 지금까지 살아온 경험이나 지식을 바탕으로
생각하기 때문에 제한된 자신의 의견만을 고집하거나
표현하는데 이것이 나만의 고정된 틀을 만드는 것 같습니다.
이런 생각의 틀은 점점 정체성과 연결되고
그것이 마치 정답인 것처럼 주장하는 것이겠지요.
그런 것이 심해지면 자연히 그 사람을 피하게 되고
대화조차 지속하고 싶지 않겠지요.
유연한 사고란 문제의 원인을 분석하고
특정한 영역이나 형식에 얽매이지 않고
열린 자세로 문제에 접근하게 하는 생각 아닐까요.
요즘처럼 빠르게 변하는 세상에서 도태되지 않고
잘 살아가려면 누구에게나 필요한 것으로
훈련하고 훈련해야 될 것 같습니다.

19

안나의 고국은

안나와 많은 이야기를 했는데 오늘은 고향에 있는
자녀와 손주들과 파티하는 장면, 춤추는 모습,
장난하는 모습들을 보여주며 끝없이 자랑하고 있습니다.
할머니들의 자식 자랑질은 동서고금을 막론하고
한결같은 모양새인 것 같습니다.
자랑할 만한 것이 없는 나로서는 가장 힘 빠지는 시간입니다.
한참 나만의 고난 시간을 보내고 나서
"안나의 고국은 어디라고 생각해" 하고 물었습니다.
잠시의 생각도 하지 않고 "그곳입니다"라고 합니다.
내가 너무 힘든 질문을 했는가 우려했는데 그녀는 당당합니다.
거기 사람들은 사람이고 이곳 사람들은 원색적이고
이기적인 동물에 가깝다는 것입니다.
정곡을 찌르는 듯하지만 마음이 아픕니다.
그러면서 이런 이야기를 들려주었습니다.

그들은 처음에
버러지보다도 못해 보이는 자신들을 받아 주었고
지금처럼 터전을 이루고 살 수 있게 보살펴 주었다는 것이고
두 번째는 전쟁 때
그들이 전쟁포로로 잡혔던 이야기라고 했습니다.
그들을 잡은 집단은 포로들을 실컷 농락한 후
그들을 우리 속에 집어넣고 빵조각을 던져 주었답니다.
그 후에 벌어질 일들을 구경하려 울타리로 가서
자리 잡고 앉아 잠시 후에 일어날
살아 있는 인간 격투기를 기대하고 말입니다.
그런데 이미 추위와 배고픔에 지쳐 있는 그 속에는
범상치 않은 정적이 내려앉은 후
천천히 가장 어린 병사가 일어나서
바닥에 떨어져 있던 빵조각을 주워
가장 나이 많은 병사한테 가져갔답니다.

빵을 건네받은 늙은 병사는 자신이 먹을
가장 적은 양의 빵을 떼고는 옆으로 건네주었답니다.
다음 사람도 같은 모습으로
빵을 떼고 건네주는 식으로
한 바퀴를 다 돌아온 다음에
그들은 감사를 드리고
함께 식사를 했다고 해요.
가장 긴박하고 어려운 상황에서도
품위를 지키는 그들이라는군요.
키르기스스탄!
국토는 한국보다 크고 인구는 적어서
가도 가도 사람이 보이지 않는 곳이 많다는 나라로
절대로 이루어지기 힘들겠지만
형편이 허락되면 가보고도 싶은 곳입니다.
잠깐, 변명도 필요하겠지요.

안나야!
우리도 이렇게까지 극단적으로 치닫지는 않았어.
1960년대에 우리나라를 방한한 펄벅 여사가 있었지
노벨문학상을 받은 펄벅 여사.
그녀가 방한 중에 경주 안강 지방을 지나가다가
낯선 광경을 보게 되었대.
들일을 마치고 돌아가는 농부들이
볏짐을 실은 소달구지와 함께 자신의 지게에도
볏짐을 싣고 터덜터덜 걸어가고 있는 거야.
여사는 통역한테
"저 농부는 왜 힘들게 지게를 지고 가는 것이지요" 하고 물었어.
그가 이렇게 대답했대.
"소가 너무 힘들까봐 짐을 나누어지는 것이고
우리나라에서는 흔히 볼 수 있는 모습입니다"라고
여사는 잠시 생각했어.

미국의 농부라면 달구지 위에 올라타고
채찍을 휘두르며 신나게 노래를 부르면서 갔을 텐데.
동물의 마음까지도 헤아려 주는 한국 농부의 마음에
감동을 받았으며 이제 한국의 나머지 다른 것은
더 보지 않아도 알겠다고 하셨지.
오천 년 역사 이래 한 번도 다른 나라를 쳐들어 간 적이 없는
착한 우리 민족이 이렇게 된 것을 이곳에서 태어나지도
살지도 않았던 외국인에게 무어라 설명한들 이해가 되겠니.
어떤 것은 나도 이해가 안 되거든.
그냥 이렇게 생각하자.
갑자기 너무 잘 나가는 롤러코스터를 타게 되어서
혼란스러움에 잠시 정신 줄이 바른길을 이탈하고
방황을 하는 것이라고.
하지만 안나야, 기억해라.
너의 DNA에는 한국이 각인되어 있어.
그리고 우리는 분명히 다시 제자리를 찾게 될 거야.
그때는 자랑스러운 조국임을 기억해라.

대한민국!! 짜잔짜 짠짜.

대한민국!! 짜잔짜 짠짜.

대한민국!! 짜잔짜 짠짜.

20
황홀한 시간

3번 방에 환자가 새로운 분으로 바뀌었습니다.
현재까지는 내가 최고령이었는데 내 자리를 탈환한 그분은
82세며 나와 같이 척추가 골절되어서 입원하신 것 같습니다.
골다공증이 심하신 분으로 이 병원에서 계속
관리를 받아 오던 중에 댁에서 넘어지시며
불행한 일이 발생되어 입원하시게 된 것입니다.
누워서 신음 소리만 들려주는 어르신은 나를 보는 것 같습니다.
다행스럽게도 자녀들이 미리 간병인 보험을 들었기에
수월하게 수발을 받고 계십니다.
그런데 그 간병인이 예사롭지 않습니다.
자신은 연변에서 온 조선족이라는데
아나운서 같은 목소리며 발음과 억양이 진짜 예술입니다.
거기다 백과사전 칩을 머리에 심은 듯한 두뇌의 소유자로
이제까지 본 사람 중에 가장 수재인 듯합니다.
그녀의 한마디 한마디에 그곳에 있는 간병인과
환자분들의 넋을 빼고 있습니다.

소리만 들리는 나에게도 청량제 마시는 것 같습니다.
나와는 커튼 하나로 가장 가까운 곳에 있었지만
대화를 할 기회조차 없던 그녀가
나를 언제부터인지 살피고 있었던 것 같습니다.
오늘은 점심 식사 후 누워 있는 나에게
작은 메모지를 건네주며 풀어 보라는 것입니다.

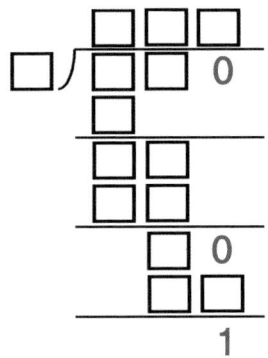

메모지에는 이제껏 보도 듣도 못했던
네모로 나열된 수식이 있었습니다.
숫자라고는 달랑 0과 1만 주고 나머지 빈 네모 안에
숫자를 넣는데 숫자는 중복되어도 괜찮으니까
식이 성립하게만 넣어 보라는 것입니다.
부담 갖지 마시고 천천히 생각해 보라고 합니다만
이것이 70세 노인한테 할 짓인가 싶었습니다.
꼼꼼한 간병인은 메모지도 이곳에서 식사 때마다

수저를 넣어 주는 작은 봉투의 이면지를 활용했더군요.
무슨 말인지도 이해가 되지 않았는데
어떻게 풀어 보라는 말일까?
머리에 쥐가 날 것 같지만
"내 사전에 포기란 없다"는 오기가 발동해서
한나절을 앓았습니다.
그러다가 밑부분부터 차근차근 풀어 보자고
생각에 생각을 넣었습니다.
0에서 마지막에 1이 나오게 하려면 마지막 네모는
무조건 9가 되어야 한다는 생각이 힌트였습니다.
이렇게 유추해 나가다가 저녁 무렵에 결국 풀었습니다.
모범답지를 본 그녀의 폭풍 같은 칭찬에
나는 그야말로 더 말할 나위 없는 황홀한 시간에서
행복하게 하루를 마감했습니다.
답을 보면 별 것 아니지만 거기까지 나갈 수 있게
인내를 할 수 있었던 내 자신이 대견합니다.
신대륙을 발견한 콜럼버스가 그의 축하연에서
비아냥하는 사람에게 삶은 달걀을 주고 세워보라고 했더니
한참 낑낑거리다가 할 수 없다고 난감을 표했습니다.
콜럼버스는 대중 앞에서 달걀의 밑부분을 조금 깨고 세웠더니
모두가 그것은 나도 할 수 있다고 했습니다.

알고 나면 별 것 아니고
아는 사람에게는 쉬운 문제였겠지만
어찌 되었던지 처음 풀어본 나에게는
아메리카 신대륙이었습니다.

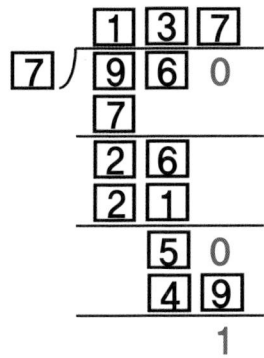

이렇게 하루를 농락한 그녀가
점점 더 진화된 문제를 풀라고
날마다 숙제를 내주었습니다.
가끔 힌트를 달라고 한 적도 있었지만
하나하나 정복되어가는 문제를 보며
정말 즐겁고도 심각한 시간이었습니다.

21

좋은 아침입니다

골절된 부위 시술을 마치고 하루가 지났습니다.
내일부터 일찍이 가져다준
맞춤 특수 갑옷(허리보호대)을 착용하고
앉고, 걷기 연습하라고 주치의님이 말씀하십니다.
이제 내가 걸음마를 하게 된 것입니다.
다음날이 되니 흥분이 되었습니다.
안나가 침대를 수직으로 세워 주었고 갑옷을 둘렀습니다.
근 20일 만에 구두를 신었습니다.
휠체어에 앉기 위해 바닥에 발을 디디는데
발바닥에서 정전이 일어나는 것 같았습니다.
놀라서 발을 잡고 있다가 다시 시도했습니다.
천천히 휠체어에 앉은 후 다리를 들어 바닥에 두고
발을 끌어다 발판에 올렸습니다.
나갈 채비가 끝나서 뒤에서 밀어주고
바깥세상에 들어섰습니다
아무도 반기는 사람은 없지만 17병동을
가로로 죽 돌다가 들어왔습니다.

.다음날은 보조기를 밀고 걷기에 도전하면서
화장실을 출입하였고 이전 세상으로 한발 들어섰습니다.
이제는 누워 있던 시간을 조금씩 걷기에 할애하리라 생각하고
걷다 보니 주위 얼굴이 너무나 우중충해 보임을 느꼈습니다.
비록 운동이라도 하려고 나왔지만 아픈 사람들이라
어쩔 수는 없었겠지만 누워 있는 사람들이
얼마나 부러워하는 모습인지 모르는 것 같네요.
용기를 내어서 스치는 사람을 보고
"안녕하세요" 인사를 했더니 화들짝 놀라며 잠시 후
"안녕하세요" 하는 답례를 보냅니다.

같은 곳을 왕복하다 보니 겹치는 얼굴이 생겼고
며칠이나 매번 반복해서 인사를 주고받다 보니
어느새 먼저 인사하며 말도 걸어오는 사람이 있었습니다.
"어디가 아프세요."
"이젠 좀 나아지셨나요."
"어디 사셔요."
"오늘은 날씨가 좋지요."
"내일 저는 퇴원합니다."
"빨리 쾌차하세요."
"많이 힘드시지만 용기를 잃지 마세요." 등등
좀 떨어진 곳에 있으면 천천히 가며 기다리기도 합니다.
그런데 간호사 표정도 굳어 보이고 바닥을 보며
시선을 피하는 것 같아요.
"식사는 하셨어요. 힘드실 텐데 꼭 챙겨 드세요"라고
말을 거니 싫은지 좋은지 기색도 주지 않고
그저 고개 한번 까딱합니다.
그런데 다음날에는 밝은 표정으로 먼저
"점점 좋아지시네요"하며 경쾌하게 인사하네요.
인사도 메아리가 되는 가봅니다.
저는 먼저 누구에게 말을 걸어 보지 못하는
성격인 줄 알았는데 할 수도 있네요.

그것은 지난 20일 동안이 저를 변화시켜 준 것이겠지요.
저에게 하지 못할 것 같던 행동을 서슴없이 하게도 하고
행복한 마음으로 되돌려받게도 말입니다.
지금 힘들지 않다고 자신 있게 말할 사람이 얼마나 있을까요.
내용만 달랐지 힘들게 지내고 있습니다.
저는 행복에 겨워 있나요.
제 생애 가장 최악의 상태지만 어제보다 나아질 내일을
생각하면서 오늘의 이 힘든 것에 너무 많은 의미를 갖지 않기로
한 것이고 지내다 보면 기쁜 날도 오리라 믿기 때문이지요.
내 생애에 지금이 가장 중요한 시간이잖아요.
어제는 지나갔고 내일은 아직 오지 않았으니
지금은 얼굴 좀 피시라고요.
나의 내일이 없을 수도 있잖아요.
나는 이 고통을 통해서 3가지를 깨달았습니다.
건강의 중요성과 이웃의 고마움
그리고 신의 존재를 알았거든요.
비록 행복한 상태는 아니지만
웃고 인사를 주고받으니 기쁨이 오네요.
시인 이욱환 님이 내 마음을 그대로 표현해 준
글을 읽어 봅니다.

아무리 힘들어도 오늘은 갑니다
아무리 힘들어도 또 내일은 옵니다
너무 힘들게 살지 마십시오
밤이 지나면 새벽이 오듯 모든 것은 변해갑니다
오늘도 지구촌 어느 곳에는 지진이 일어나고
재난으로 많은 사람이 죽었답니다
단 하루도 예측하지 못하는 것이 우리들의 삶입니다

너무 힘들게 살지 마십시오
너무 근심하지 마십시오
늘 슬픈 날은 없습니다
늘 기쁜 날도 없습니다
하늘도 흐리다가 맑고 맑다가도 바람이 붑니다
때로는 길이 보이다가도 없고
없다가도 다시 열리는 것이 인생입니다

당장은 어렵다고 너무 절망하지 마십시오
지나고 나면 고통스럽고 힘든 날들이
더 아름답게 보입니다

한 번쯤 주위를 돌아보십시오

나와 다른 사람들이 어떻게 살고 있는가를
겉만 보지 말고 그들을 나처럼 바라보십시오
행복한 조건인데도 불구하고 불행한 사람들과
불행한 조건인데도 행복한 사람들이 많습니다
어떤 사람들이 행복한지
무엇 때문에 행복한지 바라보십시오
아무리 힘들어도
그대가 살아만 있다면 그것은 희망입니다
그대가 살아만 있다면 그것은 꿈입니다

오지 않는 봄은 없습니다
때로는 그대 슬픔이 얼마나 사치스러운 일인가를
생각해 보십시오
가난해도 병든 자보다 낫고
죽어가는 자보다 병든 자가 낫습니다

행복은 무엇을 많이 가진 것이 아니라
어떻게 사느냐에 달려 있습니다
그대는 가진 것이 너무 많습니다
그대가 걷지 못해도
그대가 병들어도 살아 있는 한 축복입니다

당신은 부러운 사람

그대의 가슴을 뛰게 하십시오
살아 있을 때 날개를 잃어 보는 것은 축복입니다
살아 있을 때 건강을 잃어 보는 것도 축복입니다
어려움이 지나고 나면 그대는 은혜를 압니다
걷지 못해도 뛸 것이고 뛰지 못해도 날 것입니다

오늘 사는 것이 어렵다고 한탄하지 마십시오
사랑이 없다고 말하지 마십시오
사랑하는 것만으로 이미 받았습니다
그대 주위에 누군가를 사랑할 대상이 있다는 것은
그 자체로도 행복합니다

가장 큰 불행은 가진 것을 모르고 늘 밖에서 찾는 것입니다
준만큼 받으려고 하기 때문입니다
그러나 비교할 수 없는 게 사랑입니다
아무리 아름다운 꽃밭도 다가가서 보면
기대만큼 아름답지 않습니다

오늘도 지구촌에서는 슬픈 소식들이 날아옵니다
그리고 기쁜 소식들이 들려옵니다
그대가 살아 있기 때문입니다
그대를 무덤으로 인도하지 마십시오

당신은 부러운 사람

22

유감스러운 시간

입원 첫날입니다.
주치의께서 회진을 왔습니다.
처음 당하는 일이고 너무나 아파서 호소했다가
"뼈가 부러졌으니까 아프지요. 밑에서 골절이라고 했잖아요."
거친 소리로 반격을 당했습니다.
"등이 바닥에 박히는 것 같아요" 하니까
"옆으로 돌아누우세요. 참을 수 없으면 진통제 맞아요"하시며
쓸데없는 말이라도 한 것처럼 휙 걸어가셨습니다.
다음날 회진 때도 복도에 서서 발바닥을 보시면서
"잘 누워계시지요" 하시고는 바람처럼 사라지십니다.
'아, 바쁘신가 보구나'하며
"네." 대답하면
바람의 속도로 가십니다.
추석 연휴 전날에는 목소리를 가다듬으시고
"추석 연휴 즐겁게 지내세요."
그리고는 진짜 즐거우신 듯 가시네요.
환자가 의료진이 안 계신 병원에서 무엇이 즐거울까?

이 분은 초등학교에서 국어 공부를 소홀히 하셨구나.
그래서 언어 표현력이 부족하신 것이구나 생각했습니다.
그리고 체념했습니다.
체념했던 와중에 더욱 나를 슬프게 한 것은
시술하는 날이었습니다.
발등 골절 수술받으시는 할머니는
아침 일찍 수술실로 가셨는데 나는 언제나 해 주시려나
기다리는데 주치의께서 오셨습니다.
"시술은 언제쯤 하나요" 하고 어렵게 여쭈어보니
"오늘 안으로 하겠지요."
시큰둥하게 답하십니다.
이때는 분노가 생겼습니다.
어제부터 금식하고 있는 환자에게 오늘 안이라니?
말이 되는가.
지금이 오전 10시인데 그렇지는 않겠지만 오늘 안이라면 길게는 10시간도 기다릴 수 있다는 말이 되는 것 아닙니까?
속으로 타오르는 분을 겉으로 드러나지 않게
잠재우는 길밖에 없음이 속상했습니다.
그렇구나.
이분은 공부를 잘하셔서 어려운 의과 공부를 하고
의사가 되어 의술을 익혔지만
사람 마음을 어루만져 주실 인술은 부족하신 분이시구나.
말 그릇을 심오하게 할 연수를 받으셔야겠구나.
지금은 인간성 한 수 위인 내가 참자.
눈을 감고 있었는데 다행히
잠시 후에 시술을 받으러 오라는 연락이 왔습니다.
그 밥에 그 나물이라고 간호사도 마찬가지입니다.
첫날에 너무나 심한 통증을 간호사한테 호소했어요.
"죄송합니다, 너무나 아파요. 어떻게 해야 하나요?"
아무리 아프다고 호소해도 들은 척도 안하기에
"너무나 아파하는 제가 유별스러운가요?"
슬프게 물어보았더니, 가시 돋친 목소리로
"우리는 환자한테 유별스럽다는 말은 하지 않습니다."
한마디 직격탄을 날리고는 돌아섰습니다.
이 병원은 무서운 곳이구나.
걱정이 되었습니다.

무엇 때문에 생전 처음 보는 나한테 이렇게 야박할까.
내가 너무 아파해서일까.
정말 너무나 아픈데 누구한테 말해야 하는가.
혼자서 아파야 하는 병원이구나 생각했습니다.
서러움에 언니한테 호소하니까.
"아픈 사람만 보니까 그분들 맘도 우울해지겠지.
그리고 바쁘시니까 그럴 거야.
그분 덕택에 환자들이 회복하고 생활에 복귀할 수 있는 거잖아.
개인적인 문제에 너무 의미를 갖지 말고 전체를 생각하자"라며
토닥거려 주십니다.
그럴 수도 있긴 하겠다.
빨리 건강해지자.
나의 머리에 각인되어 있는 의사로는
장기려 박사님이 계십니다.
전해 들어 알고 있는 그분은 최고의 실력을 갖춘
외과 의사였지만 평생 낮은 곳에서 청빈한 삶을 살며
어려운 사람들을 위해 인술을 베푼 분이시라고
전해 들었습니다.
내가 감동 받은 부분은 돈이 없어 퇴원하지 못하는 사람에게
뒷문을 열어 놓았으니 도망가라고 하셨다지요.
일생 동안 몸소 사랑을 실천하신 분이라고 알고 있습니다.

혹시 이런 분이 요즘에도 계실까요?
찾아보면 계시겠지요.
사랑의 화신으로 살다 선종하신
'남수단의 슈바이처'라 불리는 이태석 신부님의 삶은
또 어떻습니까?
그분의 삶을 영화로 만드신 구수환 감독님의 이야기로
생각해 보고 싶습니다.
감독님은 이태석 신부님의 삶을 어떻게 정리할까
고민하다가 아프리카 남수단에 신부님이 만드신 학교로
제자를 찾아갔는데 작고 허름한 학교에서 의사거나
의대생이 57명이 나왔고 공무원, 대통령실 경호원
언론인까지 70명의 제자를 찾았답니다.
중요한 것은 그 아이들이 먹고 살기 위해
의사가 된 것이 아니라 신부님 때문에 의사가 됐고
신부님처럼 살아가겠다는 이야기를 하더랍니다.
제자들이 병원에서 진료하는 모습은 먼저
"어디가 아프세요?"라고 묻는 것이 아니고
환자 손부터 잡는 답니다.
가는 곳마다 손을 잡고 개인적인 이야기를 나눈 뒤
진료를 하는 데 그 이유를 물었더니
"이태석 신부님이 해오던 진료방법입니다"라고 답하더랍니다.

신부님은 오래전에 선종하셨지만
아이들은 신부님의 삶을 그대로 살고 있다 라는 것입니다.
어느 날은 이태석 신부님 제자들이
한센인 마을에 가서 진료 봉사를 했대요.
제자들이 몰려온 수많은 환자 때문에
아침부터 하루 종일 밥을 굶으며 진료를 했는데 환자에게
"의사가 당신 손을 잡았을 때 기분이 어땠습니까?"라고
물었더니 "이태석 신부님이 저희 곁에
돌아온 것 같습니다"라고 말했답니다.
제자들은 "신부님이 우리 옆에 계신 것 같습니다.
신부님 일을 우리가 대신해서 너무 기쁩니다"라고
대답했답니다.
단순히 제자들이 좋은 일을 했다는 것이 아니라
이태석 신부님 사랑의 표현이 제자들을 통해서
계속 이어가는구나 생각했으며
감독님이 이태석 신부님께 빠져든 것은 단순히
그분의 봉사 때문이 아니라 고통받는 사람들에게
다가간 방식 때문이었다는 것입니다.
의사라는 직업은 고통받는 사람들의 고통을 덜어 주기 위해
존재하는 것으로 위대한 일이라 생각합니다.
하지만 병의 치료는 의술로만 해결될 것이 아니고

진정한 치료는 시간이 해 주는 것이라고 생각입니다.
그런 의미에서 의사는 환자가 고통을 덜 받고
빨리 이겨 내게 안내하는 분이심을 기억하셔야 하지 않을까요.
의사 선생님의 말씀 한 마디가 얼마나 중요한지
환자는 알고 있습니다.
이분들의 한마디 말씀은 생명을 살리기도 하고
죽이기도 할 수 있다고 생각합니다.
그러기에 이분들은 말 한마디에 희망과 사랑을 담아
정성스럽게 전달해야 한다고 말씀드리고 싶습니다.
의사가 되기 전 의대를 졸업할 때 의료의 윤리적 지침으로
히포크라테스 선서를 한다고 들었습니다.
또한 간호사는 나이팅게일 선서를 하는 것으로 알고 있는데
오늘날은 어떻게 하고 있는지 모르겠습니다.
어찌 되었든 참담한 환자의 고통을 치유시켜 주시고
건강을 회복시켜 주시는 의사 선생님! 감사합니다.
개인적으로 섭섭하게 했다고 미워했던 부족한 생각들
죄송합니다.
하지만 아직도 섭섭합니다.

의사 선생님,

환자를 넉넉하게 품어 주세요.

23

디즈니랜드

밖에 나갔다 들어온 안나가 조심스럽게
간병비는 비싸니까 일주일씩 지급해 주어야 된다고 말합니다.
나는, 걱정하지 마세요.
교통사고니까 보험에서 바로 지급될 것이라고 안심시켰지만
이제껏 아무런 연락이 없어서 버스회사에 전화를 했습니다.
그런데 간병비는 본인이 부담하는 것이라는
청천벼락 같은 말을 합니다.
그런 말이 어디 있냐고 하니 몇 개의 서류심사를 하고
결정하니까 우선 본인이 부담하랍니다.
너무한다 싶어서 그게 무슨 말이냐고 되묻자
몇 개의 서류를 검토한 후
조항에 맞는 합당한 비용을 준다고 합니다.
자신은 사무를 맡은 사람이지 책임자가 아니라
더 이상의 말은 할 수 없다고 했습니다.
"도대체 어떤 보험회사인지 알려 주시오. 내가 얘기하겠소."
"버스는 보험회사가 아니고 버스조합에서
관여합니다"는 것입니다.

"그럼 조합장과 연락하게 전화번호를 알려 주시오."
"개인 정보라서 알려 줄 수가 없습니다"라고 합니다.
그리고 서류를 준비해 달라기에
"그런 것을 할 수 있다면 간병인을 불렀겠습니까?"했더니
다음날 자신이 와서 준비하겠다고 합니다.
다음날 담당자가 왔는데 본인 동의가 필요하다기에
그렇게 했더니, 그가 서류를 만들어 가지고 갔습니다.
그 다음날에는 의기양양한 목소리로
"환자 분은 서류심사에서 적격자가 아니라서
간병비 지급이 한 푼도 없습니다"라고 말하는 것입니다.
"그게 무슨 말입니까?"
"환자 분은 골다공증이 심해서입니다."
"나는 이제까지 골다공증이었지만 교통사고 전에는 병원에
입원할 일도 간병인을 쓸 일이 없었어요. 사고 때문이지
골다공증 때문에 간병인을 들인 것이 아니잖습니까.
어디에 근거를 두고 간병비를 본인이 부담하라는 말입니까"
하고 묻자, 조합 측은 여러 분야의 전문가와 논의하여
규칙을 만들고 합당한 인준을 받아 마련한
정당한 법규가 있다는 것입니다.
전문가라니 그들 속에는 약자인 피해자도 있었는가.
이제껏 전문가들은 버스라는 교통수단을
이용하기라도 해봤을까.
아마도 승용차를 타고 다니며 거드름이나 피우다가

책상 앞에 앉아 선량한 피해자는 생각하지 않고
버스 측과 선심 좋은 거래 하에 과학적인 근거랍시고
골다공증 어쩌구저쩌구하며 만들었겠지.
이런 죽일 놈들!
우리나라 속담에 물에 빠진 사람 건져 주니 보따리까지
찾아달라는 말은 있지만 사람의 건강을 헤쳐 놓고
복구는 본인이 하시오 라는 말이 있는가.
이렇게 남을 밟고서라도 손해 보지 않으려 안달하는
파렴치한 놈들이 진을 치고 있는 한 약자는 결국 그 안에
머물 수밖에 별반 도리가 없는 현실이 안타까울 뿐입니다.
전에도 생각했지만 조합이니 노조 연대니 하면서
단체로 몰려다니며 악을 쓰는 것이 거슬렸는데
내가 당장 피해를 보는구나 생각하니 온몸에 힘이 빠집니다.
거칠어진 대화에 걱정하는 안나가 밟혀서 그만 끝냈습니다.
그리고 내 얄팍한 지갑을 열었습니다.
첫날부터 합산해서 결국 400만 원이라는 거액이
나가는 바람에 더 얄팍해졌지만 어찌합니까.
억지로라도 대처할 수 있는 능력이 남아 있음을
감사할 수밖에 도리가 없습니다.
분하고 억울함을 잊기 위해 오래전에 읽었던
책을 떠올리며 분을 삭였습니다.
책 제목이 도저히 생각나지 않지만
랜시포드라는 미국 카네기 멜론 대학 교수님의 실화입니다.

그 교수가 12살이었을 때 가족이
디즈니랜드에 갔다고 합니다.
유쾌하게 시간을 보내고 잠시 부모님은
교수와 누나만의 자유시간을 주었다고 합니다.
늘 자신들을 잘 배려해 주시는 부모님이 고마워서
누나와 교수님은 용돈을 합쳐 감사의 선물을 사기로 하고
도자기로 구운 소금과 후추 셰이커 세트를 골랐다고 합니다.
너무나 즐거워서 신나게 다니다가 어느 순간
선물을 떨어뜨렸고 셰이커 세트가 깨졌답니다.
두 남매는 바닥에 앉아서 엉엉 울고 있었는데 지나가던 여자가
"가게로 가져가면 바꿔줄지도 모르니까 가보라"고
제안하더랍니다.
"그렇게는 못해요. 제가 떨어뜨렸잖아요.
가게에서 왜 우리에게 새것을 주겠어요."
"그래도 한번 시도해 보렴. 어떻게 될지 모르잖니"하며
계속 설득을 해서 가게로 갔답니다.
그리고 무슨 일이 있었는지 정직하게 설명을 했대요.
그들의 슬픈 이야기를 듣고 난 가게 직원은
다른 소금과 후추 셰이커로 바꿔 주었답니다.
게다가 그들은 포장을 제대로 해주지 않았음이
자신의 잘못이라고까지 말해 주더래요.
그들의 말은 12살 소년이 신나게 놀다가 떨어뜨릴 경우에도
버틸 수 있게 포장해야 할 책임이 있었다는 것이었습니다.

교수님은 충격을 받았다고 했습니다.
고마운 것은 당연하고 교수와 누나는 감격해서
가게를 나왔다고 했습니다.
교수님이 디즈니랜드의 서비스에 감격을 받은 만큼
나도 충격을 받았고 감격에 가까운 서비스를
접해 보고 싶었는데 오히려 우리나라에서는
건강을 해치고 돈까지 빼앗겨가는 덤터기를 썼습니다.
강도 중에서도 일등 가는 날강도가 아닐까.
너무나 분하고 분해서 생각만 나면 억장이 무너집니다.
몸에 서 있을 기운만 생긴다면 버스조합 앞에 가서
일인 시위라도 하겠다고 소리치고 싶습니다.
고약하고 나쁜 버스조합 놈들 병 주었으면
최소한의 도리는 해야 하는 것이 아닌가.
언제부터 우리나라를 고통의 나락으로 떨어뜨리는데
일조하고 있는가.
내 마음을 다스리려 온갖 애를 썼지만
또 일렁이는 울화통을 억지로라도 달래기 위해서는
별별 별일을 강구해야 될 것 같습니다.
그러려면 글을 읽는 것밖에 무엇이 있을까요.
글쓴이도 모르고 아무것이나 아무렇게나 읽어 봅니다.

우리 속담에 "향을 싼 종이에는 향내가 나고
생선을 싼 종이에서는 비린내가 난다"는 말이 있습니다.
만나면 만날수록 영성이 깊어지고
삶이 윤택해지는 만남이 있습니다.
그야말로 삶의 향기가 묻어나오는 만남입니다.
그런가하면 만날수록 사람의 본성이 점점 더 황폐하게 하고
오염시켜서 죄를 범하게 하는 만남도 있습니다.
꽃송이처럼 화려할 때만 좋아하고 권력과 힘이 있을 때만
환호하고 시들면 내버리고, 힘이 적어지면 등을 돌리는
약삭빠른 만남도 있습니다.
세상을 살다 보면 별일이 다 있듯이 별별 사람을 만나게 되지만
오늘 인생의 좋은 만남이 있기를 기도합니다.

탈무드에 이런 말이 있습니다.
"이 세상에서 제일 지혜로운 사람은 누구인가?"
어떤 경우에 처해도 배움의 자세를 갖는 사람이다.

"이 세상에서 제일 강한 사람은 누구인가?"
자신과의 싸움에서 이기는 사람이다.

"그리고 이 세상에서 제일 행복한 사람은 누구인가?"
지금 이 모습 이 대로를 감사하면서 사는 사람이다.
행복은 감사와 정비례합니다.

헬라의 철학자 아리스토텔레스는
"행복은 감사하는 사람의 것이다"라고 말했습니다.

인도의 시성 타고르가
"감사의 분량이 곧 행복의 분량이다"라고 했듯이
감사한 만큼 사람은 행복하게 살 수 있습니다.

빌헤름 웰러는
"가장 행복한 사람들은 가장 많이 소유한 사람들이 아니라
가장 많이 감사하는 사람들입니다"라고 말했습니다.

행복은 소유에 정비례하지 않습니다.
감사가 없는 마음은 지옥과 같고
감사가 없는 가정은 메마른 광야와 같은 것입니다.

그렇습니다.
나는 지혜롭고 강하고 행복한 삶을 살아가고 싶습니다.
그래서 더 많이 배우고 매사에 감사하며
저와의 싸움에서 이기는 행복한 사람이 되겠습니다.
결국 오늘도 감사하며 하루를 마감해야겠습니다.
감사합니다.

24

대상포진

좀 전에 3번 여자가 내려간 사이
2번 방에도 환자가 들어왔습니다.
얌전하고 조신하게 있어 딱히 어떤 환자인지 모르겠습니다.
잠시 뒤 들어선 의료진이
"그동안 잘 참으셨습니다.
더 빨리 오셨으면 좋았을 텐데, 지금도 괜찮습니다.
당분간 지켜보면서 주사와 약을 병행하겠습니다"라며
환자와 의사가 만족스럽게 대화하는 것 같습니다.
아직은 2번님의 뚜렷한 병명이 파악이 안 되었지만
주치의에 대한 깍듯한 예의로 보아
굉장한 신뢰를 갖고 있는 듯싶습니다.
어떻게 어떤 방법으로 라포를 형성했기에 길지 않은 시간에
저렇게 돈독한 관계가 될 수 있었을까 궁금하네요.
주치의가 가시고 2번님도 심심했는지 안나에게 말을 붙이네요.
자기는 오랫동안 대상포진으로 고생을 했고
이 병원 저 병원으로 힘들게 찾아다니며

별 치료를 다 받았지만 아프기는 여전하고
전혀 차도가 없었답니다.
그러다 우연히 인터넷에서 이 병원에서 완치되었다는
후기를 보게 되어서 오늘 진료를 받게 되었다는 것입니다.
역시나 주치의가 자신의 아픈 상태를 잘 파악하고
이해할 수 있게 적절한 설명을 해주셨고 주사 한번 맞았는데
신기하게도 지금까지 와는 전혀 다른 느낌이 들었으며
몸 상태가 한 번에 변한 것 같다는 것입니다.
시간이 더 지났으면 병균이 몸속으로 퍼져서
자칫 목숨까지 위험할 뻔 했다면서 주사 한 번으로
치료해 주신 덕분에 몸이 편해졌다는 것입니다.
그래서 아예 근본적인 치료를 받기 위해
입원을 권하신 주치의 말씀에 동의했고
역시 잘한 것 같다고 만족을 표합니다.
그때의 상황을 저는 이렇게 풀이했습니다.

1) 그녀의 극도로 치달았던 아픔이
2) 치료에 적절했던 시간에
3) 환자와 교감이 환상적인 의사와의 절묘한 만남으로
   이루어낸 최상의 결과가 아니었을까요?

간단히 말하자면 환자가 명의를 만나 병을 고쳤다는 것이죠.
말하면서도 시종일관 병원에서 치료를 잘해 주어서

그동안 고통스러웠던 시간이 지나가는 것 같아
너무나 행복하다며 들뜬 소녀처럼 화사한 기분을 전달합니다.
행복 바이러스를 전달하는 행복한 환자인 듯하네요.
그렇다고 어떻게 한 번에 차도를 느꼈을까?
의문스럽지만 환자가 만족해 하는 것으로 보아
2번 환자에게는 신통한 명의이셨던 것 같습니다.
처음으로 웃는 환자를 보게 되었어요.
어떤 상황에서도 굴하지 않고 웃는 모습은 좋아 보입니다.
웃는 집에 복이 온다는 말이 그냥 생긴 것은 아닌가 봅니다.
그런데 대상포진이란 놈은 어떤 놈이기에
이렇게 돌아다니며 불시에 사람을 골탕 먹이고
훼방 치는 것일까? 고약한 놈이네요.
며칠 전 그 방에서 똑같은 대상포진으로 치료받고
완치되어 퇴원하신 그분은 지금 행복한 시간을 보내고 계실까
잠시 생각이 스쳐갔습니다.
어찌 되었던지 건강하게 마지막까지 9988하기를 바랍니다.
그러고 보니 몇 년 전에 친구가 대상포진에 감염되어
고생을 많이 하고 나서 꼭 예방 접종하라고
백번도 넘게 당부했는데
이제까지 미루고 있었음이 생각났습니다.
'우물쭈물하다 내 이럴 줄 알았다'고 하신
버나드 쇼의 묘비명이 떠오릅니다.
정말 이제는 더 우물쭈물할 시간이 없는데 어찌해야 하는가요?

25
수녀님

주위 사람들의 걱정 속에서도 하루하루는 잘 지나갔습니다.
웬일인지 오래전에 신나게 불렀던 가수 인순이의
'밤이면 밤마다'가 입안에서 맴돌고 있습니다.

> 외로운 밤이면 밤마다 니 모습 떠올리기 싫어~.
> 희미한 전등불 밑에서 내 모습 초라한 거 같애~ 싫어.
> 정답게 지저귀는 저 새들 내 맘 알까 몰라.
> 거울에 비추어지는 모습을 볼 때마다 변해가는
> 내 모습이 싫어~ 싫어하고 외치고 있었습니다.

그래서 누군가가 오신다고 해도 반가운 마음보다
더 초라해 보이는 것이 슬퍼집니다.
펄쩍 뛰면서 말려도 오시는 분은
초라한 내 모습에 연민을 보냅니다.
그런데 아리송한 것은
그 연민이 그리워지기도 한다는 것입니다.
방문해 주신 분들 중에 생각나는 분은 수녀님이십니다.

그분들은 우리와 평생을 함께 계시기로 하셨는데
약속을 어기시고 헤어지게 되었습니다.
어떻게 아셨는지 소식을 듣고 급히 오셨는데
이미 병원을 옮긴 후라 바뀐 병원을 알고자
전화를 하신 것입니다.
그분들과는 잔잔한 추억이 있습니다.
이 마을에 처음 와서 만나게 되었는데
한 분은 차분하고 진실함이 얼굴에 쓰여 있는 것 같은
이상적인 수도자의 모습이었고,
다른 한 분은 기쁨과 겸손함의 화신 같았습니다.
두 분이 우리 자녀들의 교육을 맡아 주셨는데
연로하시고 편찮으신 부모님들까지 돌봐 주시느라
하루 종일 바삐 움직이고 계심이 안쓰러울 지경이었습니다.
교육장에 나간 지 얼마 지나지 않은 어느 날
우리 딸이 주방에 서성이더니 칼질을 할 수 있다는 것입니다.
위험한 것이라 생각하고 39년 동안
한 번도 칼자루를 쥐어 주지 않았었는데
하고 싶다고 애원을 해서 무와 칼을 주었습니다.
그것을 세상에 없는 보물처럼 쥐고는
최선을 다해 정성스럽게 썰고 있는 모습이
그야말로 무아지경입니다.
한쪽 한쪽을 써는데 얼마나 집중하는지
나도 어느새 몰입되어 있었습니다.

꽤 시간이 지나고 썰어진 무를 보며 어떻게 한 거야.
물었더니, 오늘 수녀님이 할 수 있다고 칼을 주시고
가르쳐 주셨어 하며
자신도 결과물을 대견스럽게 바라보았습니다.
나는 위험하다고 39년 동안 근처에도 못 오게 했는데
그분은 몇 분 만에 할 수 있다는 믿음을 주시고
실천하게 하신 것입니다.
그동안 내가 어떻게 가르친 것인가 부끄러웠습니다.
위험하다고 피하게 하는 것이 능사가 아니고
어떻게 해결해 나가야 할 것인가를
그 사람의 잣대에 맞게 교육하신 그분의 가르침이
얼마나 타당한가 하는 생각이 들었습니다.
딸 한 명에게도 적용하지 못한 것을 그분은
교육생 하나하나 일일이 가르쳐 주셨을 것을 생각하니
고개가 숙여졌습니다.
하나하나 사고하고 적용시켜야 할 시간과
수고를 많이 필요로 하는 일이지만
해야 할 가치가 있는 일이라는 것을 깨닫게 되었습니다.

그런데 그분이 없는 지금은
우리 딸도 칼 잡는 것을 그다지 즐기지 않고
과일 자를 때나 사용합니다.
지속적인 배움의 기쁨이 없어졌기 때문일까요.
그 후에 이런 일도 있었습니다.
내가 어찌했는지 얼마간의 배당금을 받게 되었습니다.
공돈이 생긴 것 같아 너무나 흐뭇했습니다.
무엇을 할까? 멋진 옷을 살까?
고급 레스토랑에 가서 분위기에 취해 볼까?
이런저런 생각으로 들떠 있었는데
이상하게 수녀님 생각이 문득 스쳐지나갔습니다.
교육관 쪽으로 내려가는데
마침 분주히 가시는 뒷모습이 보였습니다.
가시는 분을 세워 놓고 괜히 내가 멀쑥해서
작은 소리로 "제가요, 돈이 조금 생겼는데
좀 의미 있게 사용하고 싶어서 드리려고 해요.
받아 주시면 감사하겠습니다"하며 봉투를 드렸습니다.
조용히 계시다가 잠시 후 그분 눈가에
살짝 물기가 생겼습니다.
말없이 받아들고는

"감사합니다. 사실은 꼭 참석하고 싶은 피정에 회비가 없어서
참석할 수 없음이 안타까웠는데 그것을 채워 주셔서
너무나 감사합니다"라고 말씀하셨습니다.
순간 제 마음이 무거워졌습니다.
그렇게 열심히 동동거리시며 분주히 일하시면서도
꼭 필요한 곳에 사용할 최소한의 여윳돈이 없다니…,
이것이 수도자의 삶인가.
이곳의 야박함인가.
그냥 우울해졌습니다.
그나마 나를 통해서 전달되어 지고 참석할 수 있게 되어서
오히려 감사했었던 그분들과의 추억이 되었습니다.
한참 후에 급히 오시느라 숨이 차신 두 분이 들어오십니다.
미리 알려드리지도 않았는데 내가 먹고 싶었던 것을
아셨다는 듯이 장만해 가지고 오셨네요.
물김치와 견과류, 바나나와 사과, 과일 등입니다.
외부에서는 수입 김치일까 싶은 강박증에
차마 김치를 먹지 못하는 나의 부족한 성격 때문에
많이 먹고 싶었거든요.
그분의 김치는 세상에서 가장 맛있는 김치였습니다.
국물 하나도 남기지 않고 끝까지 맛있게 먹었습니다.
부디 건강하시고 행복하게 지내세요.

26
내가 키우는 개

2차 병원으로 바꾸고 보니 피부로 느껴지는 것은
의사 선생님의 목소리가 부드럽다는 것입니다.
오히려 편안함을 위해 의도적으로 목소리를
꾸미는 듯한 면도 있는 것 같습니다.
아무러면 어떻겠습니까?
환자를 위해서라면 괜찮습니다.
내가 있는 곳은 4인실인데
병실에는 현재 환자가 두 명 있습니다.
첫 번 병원과는 의료진뿐만 아니라
병실 구조와 분위기도 다릅니다.
4개의 침상도 각 모서리를 중심으로 배치되었고
복도를 끼고 마주보는 침상은 얼굴을 바라보며
대화가 가능하고 같은 줄은 발끝이 모아지는 형태입니다.
그녀와는 마주 볼 수 있는 위치라
자연스럽게 대화가 가능하네요.
30대도 안 돼 보이는 앳된 얼굴이며
착하고 귀여운 아가씨인 듯합니다.

교통사고로 입원했는데 신호 대기로 멈춰 있는 그녀의 차를
어떤 놈이 그대로 돌진해서 덮쳤답니다.
음주운전이 의심되는 거지요.
차량이 많이 파손되었는데 비해
다행히 심각한 골절은 아니라서 걷는 데는 지장이 없지만
온몸에 손상을 너무 많이 입어
물리 치료를 받으려고 입원한 것입니다.
가만히 누워 있기에는 싱싱한 젊음이 감당하기 어려운데도
어쩌지 못하고 있는 것 같습니다.
젊은이 눈에도 하루 종일 가만히 누워만 있고
간신히 치료받으러 갔다 오는 것이 전부인 내가
안쓰러운지 식사 시중이며 약 수발까지
말없이 하고 있습니다.
병원을 옮기면서 간병인 없이 왔기에
사실 그런 모든 일들이 내게는 버거운 일이라
다소 걱정스러웠는데 너무나 감사했습니다.
누워 있다 보니 자연 천장만 보게 되는데
조명 때문에 눈이 부십니다.
이곳은 조명시설이 너무 많아서 밝은 것은 좋은데
내게는 부담스럽습니다.
눈을 손으로 덮고 있었더니 금세 알아차리고
문병 온 친구 손에 고양이 모양의 안대를 선물했습니다.
하루는 그녀의 친구들이 병문안을 와서

조잘 조잘거리더니 어렵게 말을 붙여요.
"어르신 닭발 드세요?"
"네? 닭발도 먹나요?"
너무 놀라서 되물었더니
"그럼요 얼마나 맛있는데요."
문화 충격이었습니다.
"나는 괜찮으니까 맛있게 드세요."
그들은 한참을 정말 맛있게 먹는 것 같습니다.
고소한 냄새가 풍겨 오네요.
미안스러운지 "어르신 드세요"하면서
초콜릿 한 조각을 가져다주었습니다.
다 먹었는지 뒷정리를 하더니 몰려나갑니다.
혼자서 쓸데없는 생각을 했습니다.
아, 세상에 먹다 먹다 이젠 닭발까지 먹는구나.
글쎄, 말이 되는 소린가.
직경 1센티도 안 되게 가늘고 노란 에나멜 같은 것으로 쌓이고
끝에는 검고 날카로운 발톱이 붙은 것을 먹는다는 말인가.
에고, 그 가늘고 짧은 것에 뭐 먹을 것이 붙어 있다고
저렇게 예쁜 아가씨들이 말입니다.
혹시 먹는다 해도 욕먹기 딱 맞는 얘기지만 조금 무식해 보이고
없어 보이는 사람이 먹어야 맞는 것 아닌가.
이렇게 혼자만의 생각을 하는데 그녀가 들어왔어요.

자연히 화제가 닭발이 되었습니다.
"정말 닭발 못 드세요."
"그 가는 것에 먹을 것이 있어요?"
"그럼요, 얼마나 맛있다고요.
기름기 하나 없는 고단백이에요."
"다른 친구들도 잘 먹어요?"
"그럼요, 우리는 닭발 번개 팅도 하고요. 닭발 모임도 있어요."
"그렇군요."
"회복하시고 퇴원하시면 닭발 전수할게요."
"네, 고마워요."

우리는 닭발 덕택에 40년도 넘는 세대 차를
단숨에 건너뛰었습니다.
그녀는 젊은이답게 병원의 답답증을 간신히 일주일 견디다
통원 치료한다며 퇴원했습니다.
이 착하고 예쁜 아가씨는 나가면서도
"식판 어떻게 해요?"하며 제 걱정을 해주었습니다.
그 후 통원 치료차 내원했다며 빵까지 사 들고 왔습니다.
이제까지 나는 내가 대체로 바른 생각과 바른 길로
걸어왔다고 믿었고 나의 잣대가 정답인 줄 알았는데
그렇지 않은 것이 더 많다는 것을 깨달았습니다.
내게 편견이 있음을 알았어요.
내 마음속에도 몇 마리의 개를 키우고 있었던 것입니다.
일찍이 친구가 보내 주었던 개 이야기입니다.

마음속에 키우는 개(견, 犬)

사람은 누구나 마음속에 몇 마리의 개를 키운다고 합니다.
그중에 두 마리의 개에게는 이름이 있는데
하나는 '선입견'이고, 또 하나는 '편견'이라고 합니다.
그저 웃고 흘리기에는 그 숨은 뜻이 가슴을 찌릅니다.
인간은 '선입견'과 '편견'이라는 거대한 감옥 속에서 살아갑니다.
그래도 가볍게 이야기해서 '선입견'과 '편견'이지
사실 이것들은 '교만'의 또 다른 이름입니다.
'교만'은 모든 죄의 근원이 되는 죄입니다.
이런 '선입견'과 '편견'이라는 두 마리 개를 쫓아 버리는
한 마리의 특별한 개가 있습니다.
개 이름이 좀 긴데, '백문이 불여일견'이라는 개입니다.
'백 번 듣는 것보다 한 번 보는 것이 낫다.'
직접 보지 않고 들은 얘기로 상대를 판단하면
큰 실수를 범하게 됩니다.

하지만 가끔은 보여지는 것이 전부가 아닐 때도 있는 것 같습니다.
그래서 배움과 수련을 통해 사물을 보는 통찰력을 가져야 합니다.
그래야 어디를 가든지 누구를 만나든지
확실하고 정의로운 판단을 내릴 수 있습니다.
이 개의 이름은 '일가견'입니다.
그런데 말입니다.
배우지도 않고 잘 알아보지도 않고 막무가내로 떠벌리고
마음대로 판단하고 자기 잣대로 정죄하고
무식하면서 용감한 사람이 있습니다.
이 개의 이름은 '꼴불견'입니다.

제게는 선입견과 편견이 있는 것 같습니다.
이놈이 교만의 다른 이름이고 교만은 모든 죄의 근원이 되는
죄라는 것에 동감하면서 소름이 돋습니다.
부디 죄의 근원으로부터 자유로워질 수 있게 두 마리 개는
과감하게 내치고 일가견을 키우도록 힘쓰겠습니다.

27
녹명과 하울링

1, 2번 방엔 입퇴원하는 환자 분들로 꾸준히 바뀝니다.
오늘은 교통사고로 어깨 부분이 골절되신 분이 입원하셨네요.
조용히 누워 있고 남편께서 누군가에게
사정을 전하고 계십니다.
부인이 사거리에서 속도를 줄이며 진입하는 사이
맞은편에서 달려오던 트럭과 추돌하며
사고가 발생되었는데 기사님이 70세이시고
무보험으로 운전을 하셨다는 것입니다.
기가 막힌 일이지요.
논이 펼쳐진 외길 사거리에서
5미터를 끌고 가다가 섰다며
논두렁으로 굴러떨어지지 않은 것만도
너무나 감사하다고 설명하시는 것이
교수님 강의 듣는 것 같이 들려왔습니다.
목소리만으로는 왠지 미남 배우 같다는 느낌이 드는데
간병인을 섭외하고는 나가셨습니다.
다음날 그녀는 어깨골절 부분을 수술을 받고 왔는데

침대에 옮기면서 심한 신음 소리를 냈습니다.
간호사가 왔다가 심상치 않은지
의료진을 부르는 것 같았습니다.
주치의가 들어오실 때는 온 병실이 그녀의 신음 소리로
어둠의 그늘이 내려앉은 지옥에 들어선 것 같았습니다.
수술은 잘되었다고 반복하시지만
왠지 공허한 느낌이 들며 신음 소리가 여전하니
그들도 당황한 듯 알 수 없는 기계를 가져오고
상태를 살피는 것 같습니다.
기계는 알 수 없는 그래프를 그리고 있고
의사 선생님은 최상의 진통제를 투여하라고 지시하십니다.
진통제의 효과를 보자면 시간이 다소 지나야 하는데
점차 지쳐 가고 이제는 들리지 않고 느껴야 하는
최상의 소리를 만들고 싶었습니다.
녹명(鹿鳴)입니다.
사슴 녹(鹿), 울 명(鳴)으로 사슴의 울음소리인데
배고픈 사슴이 먹이를 발견하고 함께 먹으려고
동료를 부르기 위해 우는 소리라고 합니다.
슬퍼서 내는 소리가 아니고 더불어 살기 위해 내는
소리라고 하니 세상에서 가장 아름다운 소리가 아닐까 합니다.
대부분의 짐승들은 먹이를 발견하면 혼자 먹고
남는 것은 숨기기 급급하다는데 사슴은 울음소리를 높여
함께 먹을 수 있게 한다는 것이지요.

시경(詩經)에 나오며 사슴 무리가
평화롭게 풀을 뜯는 풍경을
임금이 신하들과 함께 어울리는 것에
비유했다고 하는 것으로 알고 있습니다.
또 다른 소리 하울링(howling)이 생각납니다.
늑대 우두머리들이 부르는 소리입니다.
치열한 먹이 사냥에서 실패하고 고단함으로
늑대 무리가 짜증을 부려 조직이 분열될 듯한 조짐이 보일 때
전체를 아우르기 위해 필요한 소리라고 합니다.
경험이 없는 젊은 구성원들을 하나하나 참여시켜 조직을
하나로 모으기 위해 우두머리 늑대가 부르는 노래입니다.
그들에게는 누군가를 처벌하는 것이 중요한 것이 아니라
다음 사냥에 성공하는 것이 더 중요한 까닭이기 때문입니다.
이런저런 생각하다 보니 신음 소리가 훨씬 낮아진 것 같습니다.
부디 건강을 되찾으시기를 바랍니다.

그 후 병원을 퇴원하고 한방병원에 입원 2차 치료 받는 중에
누군가가 나를 찾는다는 전갈이 왔습니다.
그리고 안내된 방에서 그녀를 다시 만났습니다.
그녀도 2차 입원으로 이 병원을 택했고
내가 온 것을 알고 있었기에 찾은 것이라네요.
감사하게도 그녀는 내 생각을 많이 했고
빨리 쾌차하기를 기도했다고 합니다.

그녀 남편의 목소리와 설명하시는 것이 인상적이었는데
그녀에게도 온화한 성품이 보입니다.
이런 성품은 하루아침에 이루어지는 것이 아니었을 텐데
일찍이 좋은 습관을 쌓았고
그것이 좋은 성품으로 만들어진 것 같습니다.
나이를 먹어도 언제나 밝은 얼굴, 선한 인상으로
호감을 주는 사람이 있는가 하면 가만히 있어도
그렇지 않게 보이는 사람도 있는 것 같습니다.
얼굴은 그 사람이 어떻게 살아왔느냐를
말해 준다고 하는데 이제껏 그녀가 어떻게 살아왔으며
어떤 말투를 사용했는지 보이는 것 같았습니다.
치료실을 다니면서 가끔씩 만나
대화의 끈을 이어갔습니다.
그녀를 보면 이런 생각이 납니다.
이제까지 한 번도 만난 일 없었고 생각해 본 적 없었는데
마치 적당한 시간을 기다리고 있다가 꼭 필요한 시간에
혜성처럼 짠~ 하고 나타나 만날 수 있었던 사람이었나?
그렇다면 얼마나 멋진 만남인가 기가 막힙니다.
그녀는 말 한마디도 포근하게 하며
함께 살아가는 이야기를 하면서
웃어줄 수 있는 마음속 친구 같다는 생각이 들었습니다.
병상이 아니면 있을 수 없을 만남이었습니다.
지은이를 알 수 없는 글이 떠오릅니다.

당신을 만나 참 행복합니다

내 삶의 자락에서
아름다운 당신을 만나
참 행복합니다

푸근한 모습으로
향기를 품고
신비로운 색깔로
사랑의 느낌을 주는 당신

이제는
멀어질 수 없는
인연이 된 것 같습니다

드넓은 하늘 속에 담긴
당신을 떠올릴 때면
나도 모르게 행복하지요

내 방황의 끝에서 당신을
만날 수밖에 없는
운명이었나 봅니다

I'm so happy to see you

오늘도 가슴 깊이 다가오는 당신
그 마음에 기대어 진한 사랑 느끼면
내게서 당신의 향기가 가득합니다

언제나 또렷한 당신의 느낌
눈을 감아도 선명한 그 미소에
가만히 내 마음 걸어 둡니다

당신을 만나서 참 행복했습니다.

그런데 지금은 어디에서 무엇하고 계신지 잘 모르겠습니다.
어디에 있든지 건강하고 건강하게 지내기를 바랍니다.
아쉽지만 우리의 인연은 거기까지였네요.

당신은 부러운 사람

28
그녀는 사업가

오늘 새로운 환자 분이 들어왔습니다.
그분도 교통사고라고는 하는데 자신도 다소 계면쩍어합니다.
발이 자동차 바퀴 밑으로 들어갔다는 것입니다.
무엇 때문에 발을 자동차 바퀴 속으로 넣었을까?
이해가 바로 안 되어서 되물었더니 느슨히 말을 하네요.
며칠 전에 친구와 즐겁게 회식을 하고
집으로 가려고 길을 나왔는데 자동차가 와서
자신의 발을 밀고 들어왔다는 것입니다.
그래서 멍이 들고 아프다는 것이지요.
물론 골절도 아니지만 생각할수록 약이 올라
이틀 후에 자기 발로 병원에 왔다는 것입니다.
그녀의 말에 의하면 자동차를 만난 그 길은
보도블록이 깔린 곳으로 간혹 자동차 통제도
하는 길이라는데 그날은 통제가 없어서
사람과 차가 같이 다니고 있었다고 합니다.

마침 자신이 서 있는 길에 차가 소리 없이 다가오더니
발이 있는 것도 살피지 않고
천천히 그녀의 발등에 올라섰다는 것입니다.
그러고도 무심한 체하는 차를 세우고 발이 깔렸다고 하니까.
왜 거기다 발을 넣었느냐고 오히려 호통을 치더랍니다.
그러더니 뒤로 차를 빼서 발을 빼주고는
그냥 휙 가버리더랍니다.
가는 차를 세우고 뺑소니로 고소하겠다고 하니
그때야 차 밖으로 나와서 오히려 큰소리를 치더래요.
눈은 어디다 두고 남의 차 밑에 발을 집어넣었냐는 등
말도 되지 않는 소리를 하면서
옥신각신 언쟁이 붙은 것 같았습니다.
가관인 것은 젊어 보이는 운전자가 부모 연세일 것 같은 분한테
막말을 퍼부으면서 옷깃을 잡았다고 폭행죄로
고소하겠다고 오히려 헛소리를 지르더랍니다.

미안하다고 머리 숙여 사과하고
진정 죄송함을 전했으면 끝났을 것을
미안함은커녕 욕설을 하며 펄펄 뛰는 그녀가
괘씸했던 것이었겠지요.
결국 괘씸죄에 걸린 것이더군요.
다행히 겨울이라 양말도 두툼하게 신었고
신발도 두꺼운 것이라 멍과 뻐근함으로 끝났지만
잘못했으면 발등이 골절 될 수도 있는
대형사고로 이어질 수 있었는데
젊은 그녀가 어떤 생각을 했는지
그 당시 기분이 어땠는지 모르겠지만 많이 실수한 것 같더군요.
교통사고로 입원을 했으니 입원비에 합의금까지 생각하면
만만한 것이 아닐 텐데 안타깝네요.

말 한마디에 천 냥 빚도 갚는다는 속담을 잊었던 것 아닐까요.
과한 수업료를 지불하고 인생 수업 받으며
삶의 고개를 한 고비 넘어가야 될 것 같네요.
새로운 환자 분은 만만한 사람이 결코 아니었거든요.
이튿날부터 이어지는 그녀의 삶은
성공 스토리의 주인공이었습니다.
그녀는 부산의 한 공장에서 일을 했는데
용하게도 배우지도 않은 자동차 부분의 미세한 한 공정에서
그 누구도 하지 못하는 기술을 보여 독보적인 존재가 되어
자신이 직접 사업을 하겠다는 야심찬 꿈을 갖고
경기도 이곳에 올라와서 자리를 잡았다고 합니다.
사업자금은 자신의 기술이 전부였다는 거지요.
국가에서 소상공인 창업자에게 지원하는 제도를 알고
도전했는데 선정이 되었답니다.
5억의 대출금이 확보되었고 그것으로
공장 부지를 마련하려 다니던 중 요지를 발견했답니다.
딱 보기에도 최상의 부지라 원하는 사람이 많아
경쟁이 치열했지만 도무지 진전이 안 되더래요.
알고 보니 그 좋은 부지에 5명이 얽혀 있더랍니다.
그래서 누구든지 눈독은 들이지만 판도라 상자를 열면
엉킨 실타래같이 얽히고설켜져 있는 그들의 사연에

그만 포기하고 마는 땅이었다는 것입니다.
걸려있는 문제를 자세히 알아보니
5명이 모두 친구 관계인데 이런저런 사연이 얽혀 있어
고차원의 수학, 과학보다도 어려운 인간이 만든
이해관계에 얽힌 문제였다는 것이지요.
명쾌한 이분은 모두를 한자리에 모여 놓고
회유책을 썼다고 해요.
"평생 다섯 명이 돈도 되지 않는 땅 껴안고 있지 말고
현찰로 3억 바로 줄 테니 상의해 보고 연락해 주시오."
그 가격은 그들이 제시한 가격의
반밖에 안 되는 가격이었답니다.
그녀가 그냥 툭 던진 말이었는데 일이 될라고 그랬는지
그중 한 사람이 즉시 현찰로 주겠냐고 묻더랍니다.
내일이라도 가능하다고 했더니
그들이 한참 상의하고는 OK했답니다.
행운의 여신이 손짓을 했는지 익을 만큼 익은 열매가

스스로 떨어진 것인지 알 수 없지요.
나라에서 대출을 해준 것의 일부 사용으로
가장 멋진 대지 구입에 성공했으며
공장 건물도 기업은행의 대출로 세웠다네요.
기술 도면 하나 가지고 엄청난 기적을 일군 것이지요.
이 정도면 성공시대에 나올 만하겠지요.
아마도 전생에 덕을 많이 쌓았던지
시작한 사업이 잘 안착되었고 정상적인
공과 대학을 나온 사람도 힘들다는
일들을 처리하고 있다고 합니다.
여기저기 산업계에서 주는 상도 많이 받았다고
자랑질도 빠지지 않고 사진으로 확인시켜 주십니다.
거기다가 운동신경도 타고 나서 배우지도 않은 골프를
정식으로 배운 사람보다 더 잘 친다고 합니다.
일반인들은 모르지만 사업을 하자면
책상 위에서 보다도 골프를 치면서 이루어지는 일이
더 많다고 그녀는 말합니다.

그 방면에서 월등하게 두각을 보이는 그녀가
훈훈한 관계를 유지시키는 원동력이 되고
시너지 효과도 거두고 있는 것 같았습니다.
20년이나 되는 시간을 지방의 유지나
기관장들과의 관계를 돈독하게 잘 형성하면서
모든 일을 수월하게 이끌고 나가는 그녀는
타고난 사업가인 듯싶습니다.
어쩌다 보니 가방끈이 짧아서 60이 넘은 지금
모 대학의 사회교육학과에 등록해서 수강 중이라고 합니다.
이만하면 멋지게 살아가고 있다고 할 수 있겠지요.
나는 세수도 하지 않고 지냈는데
그녀는 날마다 마사지도 공들여 하는
무엇이든지 열심히 하는 모습입니다.

입원 중이라 몇 달째 머리 손질을 하지 않아
흰색, 검은색이 섞여 돌연변이 공작새 깃털 같은 머리를
계속 염색하지 않을까 한다니까.
펄쩍 뛰면서 외모를 가꿔야 한다고 주장합니다.
백번 맞는 말이라서 "고래?"하며 넘겼습니다.
하느님은 정말 대단하십니다.
그 많은 사람이 모습도 다르지만
어쩌면 그렇게 성격도 천차만별인지 모르겠습니다.
내가 만난 사람 중 같은 사람은 한 사람도 없었습니다.
그리고 생각하면 그들 모두가 내게 스승이었습니다.
다음에 입원하실 분은 어떤 분이실까?
내게 어떤 가르침을 주실까?
모든 것이 흥미진진합니다.

29
카니발

예쁜 아가씨가 퇴원하기 무섭게
또 다른 환자가 입원했습니다.
그녀도 교통사고인데 기가 막힙니다.
고속도로에서 앞차들이 밀리며 서행하는데
10톤 화물차가 겁 없이 돌진해 와서 그대로 그녀의 차를
반쪽으로 구겨 놓고 앞차까지 덮쳐서 3중 충돌을 하였답니다.
반쪽으로 구겨진 그녀의 차는 한 달 전에 신차로 구매한
카니발인데 주인님을 얼마나 잘 방어했던지
찌그러진 운전석 문을 누군가 밖에서 열어 주고
자기 발로 걸어 나왔는데
오히려 앞차 차주는 119에 실려갔답니다.
그녀가 걸어 다닌다고는 해도 온몸이 오죽하겠습니까.
그 상황에서 화물차 연대가 편안하게 뒤처리를
해 주지를 않으니 문제가 있는 것 같아요.
버스조합, 화물연대 등이 어려운 상대라는 것을
알고 있는데 또 다시 화가 나네요.
그들은 뭉쳐서 자신들의 이점만 챙기고

개인은 안중에도 없는 듯하고 크게는 나라 발전에도
제동을 거는 모습이 정말 싫었는데
직접적으로 해를 끼치는 모습을 보니 더 화가 납니다.
그녀는 첫날부터 살갑게 다가와서
하지 않으면 더 멋져 보일 것 같은 말까지 하고 있습니다.
그런데 그런 말을 서슴없이 하는 그녀를 보니
오히려 더 커 보이는 것은 또 무슨 일인지 모르겠습니다.
비교적 이른 나이에 결혼을 했으나 몇 년 만에 이혼하고
아들딸과 살다가 재혼을 했답니다.
38세인 그녀가 현재 고등학교 진학을 앞둔 아들과
초등생 딸, 재혼 후 생산한 아들까지 3자녀의 엄마가 된 것과
남편이 가족이 되어 살아가는 것은 그냥 보통 이야기인데
다소 남다른 가족력 등등을 서슴없이 드러내는 모습에
젊은 세대의 당당함이 들어 있습니다.
부족해 보이는 것은 드러내지 않으려고 애써온 내가
초라해 보였습니다.
그녀는 불우했던 어린 시절을 지내온 것이
무엇이든지 해결할 것 같다는 강한 도전의식과

성취할 수 있는 힘을 만들었다는 것입니다.
그런데 그중에 넘을 수 없는 암초 같은 벽을 만났는데
자식이라는 것입니다.
태생 효자를 제외하고는 자식의 벽을 넘긴 사람은
역사적으로 한석봉 어머니 한 분 아니었을까요?
가물가물한 머리가 더 이상 생각을 차단합니다.
그녀의 아들은 인간성, 사회성, 교우관계
무엇하나 흠잡을 것이 없는데 그녀의 소원인
오직 공부를 채워 주지 못한다는군요.
인문계 고등학교를 거쳐 공고를 가게 됐다고
한 맺힌 사람 같더라고요.
"괜찮아, 공고가 어때서. 지금은 공부만이 능사가 아니야.
아들이 공고를 좋아하면 그곳에서도 얼마든지 성공할 수 있어.
서울대 나와서도 뜻을 펴지 못하는 사람도 많아"하면서
주위에서 공부 외로 성공한 실제의 친지를 예로 들려주었더니
상당히 만족해 하는 것 같았습니다.
그녀 또한 이모님하며 극진히 나를 도와주었습니다.
사람이 바뀌니 제가 어르신에서 이모님으로 변했습니다.
대인과 대물이 걸린 그녀는 몸도 몸이지만
기필코 자신의 카니발을 신차 카니발로 바꾸겠다는
굳은 의지로 화물연대와의 투쟁에 돌입했습니다.
결론을 말하자면 그녀의 뜻대로 모든 것이 이루어졌습니다.
거기다가 생각지도 않은 부분에서

그녀는 음과 양으로 더 많은 성과를 걷었습니다.
반쪽으로 구겨져 버렸지만 카니발이 얼마나 센 놈인지
엔진과 중요 부분이 손상을 받지 않아 얼마간의 도움도 주었고,
그녀의 냉철하고도 철저함 정확한 분석력과
담대함이 뜻대로 상황을 멋지게 만들었습니다.
세상도 넓지만 인재도 많은 것 같습니다.
그녀는 지금 조금은 뒤늦은 것 같지만
이제라도 미래의 시간에는 돈 때문에 더 이상
고통받지 않기 위해 기술을 익혀
미용사가 되려고 준비 중이라고 했습니다.
사고가 나던 날도 기술을 배우려고
학원에 가는 길이었다고 합니다.
그녀는 분명히 자신의 꿈을 성취시키고
확고하게 자신의 길을 가리라 확신합니다.

30
막가파

입원 마지막 부분에 막강한 상대를 만났습니다.
교통사고로 들어왔는데 머리가 많이 아프고 치아가
손상을 받아 임플란트 재수술을 해야 할 지경이라 합니다.
62세로 동글동글한 얼굴인 그녀는
바로 나의 침대와 같은 쪽인데 마주보는 쪽이 아니고
발끝이 모아지는 같은 쪽 방향입니다.
이 병원은 환자들을 생각해서
각 침대마다 TV가 한 대씩 놓여있습니다.
나는 거의 누워 있어 천장을 바라보아야 하기에
조명에 민감해집니다.
왠지 불길한 예감이 드는 것이 TV입니다.
복도 건너 마주보는 침대는 별 상관이 없는데 방향이 같다 보니
직접적으로 관계가 되기에 걱정스럽습니다.
건너편 중간에 세면대가 설치되어 있어
거울에 그녀의 모습이 반사되어 비치는데 가히 가관입니다.

다리를 쩍 벌리고 앉아서 식사하는 모습이 보이는데
밥 수저를 들고는 눈은 TV에 고정시키고
얼음이 되어서 지켜보고 있습니다.
아휴, 아휴. 저런, 저걸 어떻게' 싱글 싱글거리며
화면 속으로 빨려 들어갈 듯 심취합니다.
다행히 밥알은 흘리지 않네요.
화끈한 성격으로 커튼을 열어 놓아서 방안을 개방하여
그녀의 방만한 모습을 접하면
오히려 상대방이 눈을 돌리게 합니다.
이제까지 만났던 이웃과는 확실히 차이가 있어 보입니다.
그녀는 24시간 TV를 켜놓고 있습니다.
낮에는 별 일이 없지만 밤이 문제입니다.
소리보다 불빛 때문에 눈이 부십니다.
안대를 해도 불빛이 천장까지 번쩍거려서 힘이 드네요.
첫날에는 황당해서 그냥 지나갔는데

다음날 그녀에게 물었습니다.
"잠자면서도 끄지 않는 이유가 있어요" 하니
자기는 혼자 살아서 버릇처럼 켜놓고 있어야 한답니다.
그렇지 않으면 잠을 잘 수가 없다고 하네요.
"그런데 9시가 넘으니까 코 고는 소리가 들려요" 하니까
"그래요? 하긴 자고 나면 전에 비해 머리가 개운하네요"
라는 것입니다.
그리고 머리에 침을 맞아서 효과가 있는 것 같다면서
저도 해보라고 권합니다. 감사한데….
"제발, 밤 12시 이후에는 TV를 끄고 자자고요" 하니까
"그렇게는 안돼요. 이제까지의 습관이라서 할 수 없습니다."
고집불통으로 말이 통하지 않아요.
막가파입니다.
하루 종일 누워 있기는 해도 조금이라도
숙면을 취하고 싶은데 혼자 있는 병실도 아닌데
오직 자기만을 생각하는 것이 야속하네요.
그녀와의 대화는 더 이상 갈 길 없는
천 길 낭떠러지 앞에서 멈춰버린 것 같습니다.
이제 겨우 62세인 그녀가 저렇게 완고하고 배려 없고
고집 센 노인으로 고착되어 갈 것 같음이 안 되어 보입니다.
그냥 그녀를 보며 노인에 대해 생각하면서
다음과 같은 글을 읽어 봅니다.

나는 노인인가요?
어른인가요?

내가 사는 지역에 노인(老人)이 많으면
사회는 병약(病弱)해 지지만
어른이 많으면 윤택(潤澤)해 진다고 했습니다.
시간이 흐를수록 부패(腐敗)하는 음식이 있는가 하면
반대로 날짜가 지날수록 발효(醱酵)하는 음식이 있듯이
사람도 나이가 들수록 노인이 되는 사람이 있는가 하면
어른이 되는 사람도 있다는 것입니다.
노인은 나이를 날려 버린 사람이라고 평하지만
어른은 나이를 먹을수록 성숙(成熟)해 지는 사람을 일컫습니다.
노인은 머리만 커진 사람이고
어른은 마음이 커진 사람입니다.
노인은 더 이상 배우려 하지 않지만

어른은 나이 어린 사람에게도 배우려고 합니다.
노인은 모자라서 자꾸 채우려 욕심부리지만
어른은 비우고 이웃에 나눠주려고 합니다.
노인은 나이가 들수록 자기 자신만 알지만
어른은 이웃을 적극적으로 배려(配慮)하며 살아갑니다.
노인은 나를 밟으면 가만두지 않겠다고 하지만
어른은 나를 밟고 올라서라 합니다.
노인은 다른 사람과 자신을 비교(比較)하지만
어른은 자신의 아름다움을 찾고
자신을 가꿀 줄 아는 사람입니다.
노인은 겉모습이 늙어가는 것을 슬퍼하지만
어른은 속마음이 충만해 지는 것을 기뻐합니다.

늙으면서 어르신이 되어라!

이 말을 깊이 새겨들으라고 합니다.
노인은 늙은 사람을 말하지만
어르신은 존경받는 사람이라 말들 합니다.
노인은 몸과 마음, 세월이 가니 자연히 늙는다고
체념(諦念)하는 사람이고
어르신은 자신을 가꾸고 스스로 젊어지려고
노력하는 사람입니다.
노인은 자기 생각과 고집(固執)을 버리지 못하는 사람이고
어르신은 상대에게 이해(理解)와 아량(雅量)을
베풀 줄 아는 사람입니다.
노인은 상대를 자기 기준(基準)에 맞춰
부정적으로 평가(評價)하는 사람이고
어르신은 좋은 덕담(德談)을 해 주고
긍정적으로 이해해 주는 사람입니다.
노인은 상대에게 간섭(干涉)하고 잘난 체하며
지배(支配)하려고 하는 사람이고
어르신은 스스로 절제(節制)할 줄 알고
알아도 모른 체 겸손(謙遜)하며
느긋하게 생활하는 사람입니다.

노인은 대가(代價) 없이 받기만을 좋아하는 사람이고
어르신은 상대에 베풀어 주기를 좋아하는 사람입니다.
노인은 고독하고 외로움을 많이 타는 사람이고
어르신은 주변에 좋은 친구를 두고
동지들과 항상 유쾌하게 웃으며
활발한 모습을 가진 사람입니다.
노인은 이제 배울 것이 없어 자기가 최고인 양
생각하는 사람이고,
어르신은 언제나 배워야 한다고 생각하는 사람입니다.
노인은 자기가 사용했던 물건이 아까워
버리지 못하는 사람이고
어르신은 그 물건들을 재활용할 줄 아는 지혜로운 사람입니다.
노인은 공짜를 좋아하는 사람이고
어르신은 은혜 입으면 그 대가를 반드시 지급해야
한다고 생각하는 사람입니다.
살아 있는 사람이라면 누구나 맞이하게 될 노년이 되어가면서
누구든 황혼(黃昏)도 풍요(豊饒)로운 삶을 살 수 있습니다.
우리 모두 노인(老人)이 되지 마시고
어른이 되도록 노력하며 살아갑시다.

노인이 되지 않고 행복한 어른이 되는 비결을

그녀에게 알려 주고 싶습니다.

그런데 어떻게 어떤 방법으로

그녀의 벽을 넘어갈 수 있을까요?

| 글 을 마 치 면 서 |

막가파님과 지내다 퇴원하면서 12주에 걸친
이상한 세계에서 이전의 세계로 돌아왔습니다.
그녀와의 이야기가 부족한 것 같았지만 그렇지도 않았습니다.
그녀 또한 나에게 스승이었습니다.
TV에 대한 편견을 날려 버렸으니까요.
막상 집으로 왔지만 누워서 할 수 있는 일이라고는
딱히 없었는데 마침 걱정스러워 하던 아들이
TV에서 좋은 프로가 있다고 추천해 주어서
기쁘게 볼 수 있었습니다.
왜 그랬는지 모르지만 그를 바보상자라고 생각하고
스스로 켜고 본 적은 드물었거든요.
마다가스카르라는 나라를 여행하는 프로였는데
내가 자연스럽게 TV 리모컨을 들었습니다.
흥미롭게 보았고 전에 아프리카라고 알았던
상식이 전부가 아니었으며 독특한 그들만의
장례식 풍습은 나를 흔들었습니다.
비슷한 시기에 어르신 같은 후배가 연락을 했습니다.
그녀는 지난 몇 년간 아픔으로 고생을 했습니다.

조금 나아져서 연락을 한 것인데
나는 지난 추석 바로 전에 교통사고로 입원해서
엄청난 고통과 싸우다가 퇴원했다는 것을 담담히 알렸습니다.
그녀는 고통도 아무에게나 주어지는 것이 아니라며
무사히 견디어 낸 사람에게는 자신의 위치에서
한 고개 올라서는 경지에 도달하는 듯한 알 수 없는 예지가
삶의 훈장처럼 주워진다면서 격려해 주었습니다.
그녀의 이어지는 얘기는 고통의 시간을 지나오면서
살아온 모습을 성찰해 보니 삶의 골짜기마다
자신이 뿌린 쓰레기들이 많이 널린 것이 보여서
깊이 참회하고 있답니다.
이제는 돌릴 길 없어 하늘에 용서를 빌면서
앞으로의 삶은 경건히 죽기 위한 과정으로 삼겠다는 것입니다.
우리가 생각하는 죽음이란 어둡고, 슬프고, 두려움인데
그녀의 죽음은 어둡지도 슬프지도
두려워 보이지도 않았습니다.
자신이 설계한 세 단계 과정을 거쳐 십 년을 두고
삶 속에 죽음을 품으며 살아가겠다는 것입니다.
어르신의 뜻을 온전히 인지했는지 모르지만
그녀의 삶이 죽음으로 가는 길을
바르게 인도해 나가리라 싶습니다.
처음에는 조금 섬뜩했지만 차차 그녀의 말을
경청하게 되었고 시간이 지날수록

그녀의 정제된 말들이 가슴 깊이 스며들었습니다.
그리고 마다가스카르의 장례 풍습과 교차되었습니다.
그들은 특별한 장례 풍습 '파마디하나'를 지내는데
죽은 자의 귀환이라고 할 수 있을까요.
몇 년마다 행해지는 그 행사에는 가족과 친지들이
마을에서 음식을 먹으며 기쁘게 축제를 지냅니다.
오랫동안 떨어져 지내다가 비로소 만나게 된
친지를 맞아들이는 모습입니다.
시종일관 음악에 맞추어 열심히 춤을 추며
보이지 않는 그들을 열렬히 환영하는 것 같습니다.
이게 있을 수 있는 일인가 싶었는데 어쩌면 그들은 죽음을 다른
차원에서 생각하는 것인지도 모르겠습니다.
마을 축제 후에는 모두가 무덤에 가서 2차 축제를 벌입니다.
집과 무덤!
장소만 다를 뿐 세상을 떠난 사람들이 살아 있는 사람들과
계속 연결되어 있고 더 나가서는 함께 공존하고 있다고
생각하는 것 같았습니다.
간혹 시체를 껴안고 울고 있는 사람도 있었지만
무덤 앞에서도 보이지 않는 죽은 자들을 환영하며
산 자들은 끊임없이 춤추며 즐기는 모습이었습니다.
더 경악케 하는 것은 죽은 자를 꺼내서
시신을 감쌌던 천을 풀고 새 천으로 갈아준다는 것입니다.
그 모든 것이 이어져 내려오는 전통이라는 것으로

삶과 죽음을 동일 선상에 있다고 믿고 있기에
자연스럽게 나오는 행동 같았습니다.
퇴원하고 온 사람한테 죽음이 다가온 것입니다.
나는 고통 속에 있었지만
죽음까지는 생각하지 않았었는데 말입니다.
이제는 죽음에 대해 생각할 시간이 되었구나 싶었습니다.
그것은 지금을 좀 더 잘 살아야겠다는 결론으로 맺었습니다.

지금 이 시간을 주셔서 감사합니다.
죽음을 생각할 시간을 주셔서 감사합니다.
그 고통이 없었더라도 허투루 살지는 않았겠지만
지금 더 잘 살아야겠다는 맘으로 채웠습니다.
삶이 감사합니다.
더 감사하며 기쁘게 살아가겠습니다.